Fashination

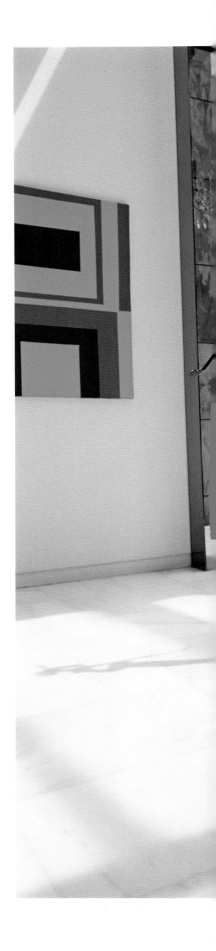

Steven Meisel, *Four Days in LA:*
The Versace Pictures, 2001

Innehåll
Contents

i lever i en fascinerande tid. Begreppen – de där praktiska redskapen som vi använder för att orientera oss med i tillvaron – blir allt ostyrigare. De expanderar och muterar, glider in i varandra och drar sig tillbaka, och i gränslanden mellan dem händer mycket av det som ger oss nycklar till en tidig förståelse av vad det är som pågår runtomkring oss. Av det vi kallar samtiden.

Gränslandet mellan konst och mode är kanske det allra mest dynamiska. En lång rad av vår tids främsta modeskapare gör kollektioner och presentationer, som om de skulle visas i ett konstgalleri eller konstmuseum automatiskt skulle assimileras som *konst*. Vissa som närmast konceptuella installationer, andra med dragning åt performance, medan åter andra skulle ses i anslutning till den s.k. relationella estetiken, där samspelet mellan betraktare och konstverk ofta är direkt och handgripligt. Det som skulle vara särskiljande eller utmärkande för modet i förhållande till konsten, skulle nog vara den höggradiga visualiteten och det utsökta hantverket. Ögonfröjd är en bristvara i samtidskonsten.

Samtidigt har en rad konstnärer närmat sig modet – inte som en spegelbild av modeskaparnas närmande till konsten – utan snarare drivna av en blandning av lust och olust. Där finns en lust till modets visualitet, men också en fascination kring dess otroliga kraft – sociala, ekonomiska, politiska och sexuella – som både lockar och oroar. Det är inte kläderna det primärt handlar om (och mode är i och för sig förstås något mycket mer än kläder) utan om modesystemet och hur det opererar.

Mitt i denna zon av ömsesidig, om än inte symmetrisk, fascination – nu kan vi nog börja tala om *Fashination* – rör sig modefotograferna. Några av dem kommer från konstvärlden och rör sig från denna utgångspunkt med jämna mellanrum in på modets huvudarena: modemagasinens glansiga uppslag. För andra utgår rörelsen från modevärlden, men deras bilder fungerar strålande – om än distinkt annorlunda – i konstens vita kub.

Denna utställning, *Fashination*, har en lång förhistoria. För mig börjar den i samband med förarbetet till utställningen *Nutopi* på Rooseum – Center for Contemporary Art, i Malmö 1995, en utställning som trevade i gränslandet mellan design och konst. Jag hade sett Maison Martin Margielas tröja, handsydd av arméstrumpor från något år innan och tyckte att den skulle passa bra i sammanhanget. Jag minns inte riktigt varför den inte kom med i utställningen, men så här i efterhand kan jag bara beklaga det. En bra utställning hade blivit ännu bättre. En annan del av förhistorien var Hussein Chalayans video gjord till kollektionen 2000, där möbler genom ett enkelt handgrepp blir kläder, ett verk som var en del slapstick-komedi och en del kommentar till att en allt större del av jordens befolkning lever på flykt. Jag talade mycket om Margiela, Chalayan – och självfallet Alexander McQueen – med konstnären Lars Nilsson, som vid just samma tid arbetade med sitt verk *Game is Over* för modehuset DAKS i London. Den sista

Alexander McQueen
What a Merry-go-Round
Hösten/vintern:
Autumn/Winter 2001–02

pusselbiten till en rudimentär utställningsidé föll på plats i och med Steven Meisels utställning i London 2001 – överföringen av hans kampanj för Versace från Vogues sidor till White Cubes väggar gav en utställning som jag med lätthet kunde utnämna till den bästa fotobaserade visningen jag sett det året. En utställningsidé för Tate Modern, som jag sedan tog med mig till Moderna Museet, formulerades och ett utställningsteam formerades. Med Lars Nilsson, modejournalisten Salka Hallström Bornold och Moderna Museets intendent Magnus af Petersens i tät dialog, kunde några disparata funderingar få fast form. *Fashination* växte fram.

Det är viktigt att påpeka att vad som formulerats inte är ett påstående, inte en bestämd utsaga som säger att nu har modet blivit konst – eller konsten mode. Snarare en rad frågor – som säkert leder till fler frågor – men också förhoppningsvis till några svindlande, härliga upplevelser. Om konsten har inspirerat modet till att söka sitt ämne utanför modets domäner – det är uppenbart hos alla de modeskapare som deltar i *Fashination* – så har modet också inspirerat några av samtidens konstnärer till att tillåta sig en del visuell extravagans, för att inte säga flamboyans.

Jag kan bara säga att det team som har arbetat med *Fashination* har varit extraordinärt. Till de redan nämnda bör läggas utställningskoordinatorn Lena Essling, vars arbetsinsats har varit helt avgörande för projektets genomförande. Ett varmt tack också till resten av det team från Moderna Museet som har arbetat med utställningen och katalogen: David Amberton, Desirée Blomberg, Nadine Gaib, och Teresa Hahr.

Tack också till Marie Claude Beaud, Musée d'Art Moderne Grand-Duc Jean, Luxembourg; Yuko Hasegawa, Kanazawa 21st Century Museum of Contemporary Art; Jesper Hiro, Stink Stockholm; Åse Inde, Energy Projects; Nathalie Bergwall; Rufus Kellman; Ewa Kumlin; David Neuman, Magasin 3 och Shideh Shaygan för hjälp och insatser i olika faser av utställningen. I samband med samproduktionen med Sveriges Television av Yinka Shonibares verk vill vi särkilt tacka Daniel Alfredsson, Gunnar Carlsson, Pia Ehrnvall, Torbjörn Ehrnvall och Peter Mokrosinski, SVT Fiktion; Kristina Lindström, Ozan Sunar och Ann Victorin, SVT Kultur; Sara Arrhenius, IASPIS; Anders Graneld, Teaterförbundet; Lotta Brunberg, Danscentrum; Lena Dahlström; Karin Erskine; Bo Ruben Hedwall; Ingrid Pling Olson; Lena Rangström, Livrustkammaren; Johanna Thelander; Lisa Torun och Bengt Wanselius.

Fashination är dock i ovanligt hög grad kreatörernas – modeskaparna, fotograferna, konstnärerna – utställning. Ett varmt tack till er alla och till era medarbetare, som på olika sätt hjälpt till att realisera *Fashination*: Vanessa Beecroft; Desirée Heiss och Ines Kaag, Bless; Hussein Chalayan med Milly Patrzalek; Philip-Lorca diCorcia; Alicia Framis med Gerbrand van Nijendaal; Anne Valérie Hash; Martina Hoogland Ivanow; Inez van Lamsweerde och Vinoodh Matadin; Martin Margiela med Patrick Scallon, Peggy Canovas och Roxane Danset, Maison Martin Margiela; Alexander McQueen med Amie Witton och Myriam Coudoux; Steven Meisel; Benoît Méléard; Lars Nilsson; Terry Richardson; Yinka Shonibare; Jun Takahashi med Maki Hamaguchi, Under Cover; Viktor Horsting och Rolf Snoeren med Bram Classen, Viktor & Rolf.

Tack också till följande gallerier och agenter: Galerie Almine Rech, Paris; Art + Commerce, New York; Deitch Projects, New York; Matthew Marks Gallery, New York; Stephen Friedman Gallery, London och Pace/McGill Gallery, New York.

Sist, men inte minst, ett varmt tack till alla långivare som ställt verk till utställningens förfogande: Luc Bellier, Paris; Anne Faggionato, London; Simona Fantinelli, London; Sophie Lammerant-Velge, Bryssel; Bernard de Launoit, Bryssel; Poju och Anita Zabludowicz, London; Museum Boijmans van Beuningen, Rotterdam; Centraal Museum, Utrecht; DAKS Simpson Group, London; Sisley, Milano och White Cube, London.

Lars Nittve, överintendent

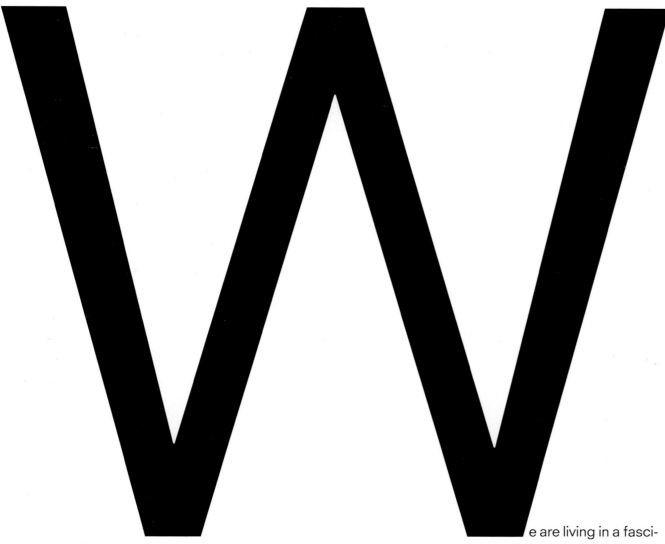

We are living in a fascinating era. Concepts – those useful tools that help us orientate ourselves in life – are getting more unruly. They are expanding and mutating, merging with one another and receding; and in the borderland between them lie many of the keys to what is happening around us, to own times.

The borderland between art and fashion is perhaps one of the most dynamic. Many of the more notable fashion designers of our time produce collections and shows which, if they were exhibited in an art gallery or museum, would automatically be assimilated as *art*. Some are veritable conceptual installations, others tend more towards performance, while yet others fit into the perspective of relational aesthetics, where the interaction between viewer and artwork is often direct and tangible. The distinguishing feature of fashion, which also sets it apart from art, would be its high degree of visuality and exquisite craftsmanship. A feast for the eyes is in short supply in contemporary art these days.

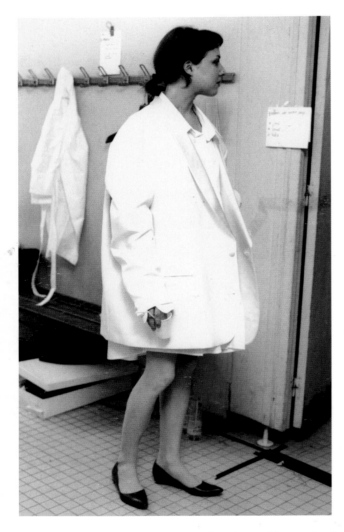

Maison Martin Margiela, *0+1*
Våren/sommaren:
Spring/Summer 2000

In a similar way, some artists have approached fashion – not as a mirror image of fashion designers' advance towards art – but urged by a mixture of pleasure and disgust. They reveal a joy for the visuality of fashion, but also a fascination for its unbelievable social, economic, political and sexual power, finding it both alluring and disturbing. The primary concern is not the garments themselves (and fashion is, of course, much more than garments), but the fashion system and how it operates.

At the centre of this zone of mutual, if not symmetrical, fascination – or why not call it *Fashination* – we find the fashion photographers. Some of them come from the art world, and have this as their starting point for their regular forays into the main fashion arena: the glossy pages of the fashion magazines. Others see the fashion world itself as their base, but their images work fantastically – albeit in a distinctly different way – in the white cube of the art space.

This exhibition, *Fashination,* has a long history. For me, it started when we were working on *Nutopi,* an exhibition at Rooseum – Center for Contemporary Art, in Malmö in 1995. This was a tentative examination of the borderland between art and design. I had seen Maison Martin Margiela's hand-sewn jumper made of army socks a year or so earlier, and felt it would fit into the context. I cannot recall exactly why it was not included in the exhibition, but in hindsight that was regrettable. It would have made a great exhibition even better. Another part of the prehistory was the video Hussein Chalayan made for his collection in 2000, in which the furniture was converted into clothes with a simple touch of the hand, a work that was part slapstick comedy and part comment on the fact that an increasing part of the world's population are refugees. I talked a great deal about Margiela and Chalayan – and, obviously, about Alexander McQueen – with the artist Lars Nilsson, who at the time was working on *Game is Over* for the DAKS fashion house in London. The rudiments of an exhibition idea fell in place with the Steven Meisel exhibition in London in 2001 – the transference of his features for Versace from the pages of Vogue to the walls of White Cube generated an exhibition that I would gladly call the best photo-based show I had seen that year. The exhibition concept was created for Tate Modern, and I brought it with me to Moderna Museet, where we put together an exhibition team. In the intense dialogue between Lars Nilsson, the fashion journalist Salka Hallström Bornold and Moderna Museet curator Magnus af Petersens, a few of the disparate ideas became more concrete. *Fashination* was growing.

It is vital to point out that what was formulated is not a statement, nor a definite claim that fashion has now become art – or that art has become fashion. Rather, we are posing a few questions – that will probably lead to even more questions, and, hopefully, to a few breathtaking, exhilarating experiences. If art has inspired fashion to seek subjects outside the domains of fashion – and this is apparent in all

the designers featured in *Fashination* – then fashion has also inspired some of our contemporary artists to allow themselves a few visual extravagances, not to say flamboyances.

I can only say that the team who worked on *Fashination* has been extraordinary. In addition to the previously mentioned team members, I should add the exhibition coordinator, Lena Essling, whose contribution has been critical to the realisation of the project. I am also deeply grateful to the other Moderna Museet team members who have worked on the exhibition and the catalogue, David Amberton, Desirée Blomberg, Nadine Gaib and Teresa Hahr.

Many thanks, also, to Marie Claude Beaud, Musée d'Art Moderne Grand-Duc Jean, Luxembourg; Yuko Hasegawa, Kanazawa 21st Century Museum of Contemporary Art; Jesper Hiro, Stink Stockholm; Åse Inde, Energy Projects; Nathalie Bergwall; Rufus Kellman; Ewa Kumlin; David Neuman, Magasin 3 and Shideh Shaygan for their assistance at various stages. With regard to the joint project with Sveriges Television in producing Yinka Shonibare's work, we wish to specially thank Daniel Alfredsson, Gunnar Carlsson, Pia Ehrnvall, Torbjörn Ehrnvall and Peter Mokrosinski, SVT Fiktion; Kristina Lindström, Ozan Sunar and Ann Victorin, SVT Kultur; Sara Arrhenius, IASPIS; Anders Graneld, Teaterförbundet (Swedish Union for Theatre, Artists and Media); Lotta Brunberg, Danscentrum; Lena Dahlström; Karin Erskine; Bo Ruben Hedwall; Ingrid Pling Olson; Lena Rangström, The Royal Armoury; Johanna Thelander; Lisa Torun and Bengt Wanselius.

However, *Fashination* is to an unusually high degree a creators' exhibition. Therefore, a warm thank you to all the fashion designers, photographers, artists, and their assistance, who have helped in different ways to make *Fashination*: Vanessa Beecroft; Desirée Heiss and Ines Kaag, Bless; Hussein Chalayan with Milly Patrzalek; Philip-Lorca diCorcia; Alicia Framis with Gerbrand van Nijendaal; Anne Valérie Hash; Martina Hoogland Ivanow; Inez van Lamsweerde and Vinoodh Matadin; Martin Margiela with Patrick Scallon, Peggy Canovas and Roxane Danset, Maison Martin Margiela; Alexander McQueen with Amie Witton and Myriam Coudoux; Steven Meisel; Benoît Méléard; Lars Nilsson; Terry Richardson; Yinka Shonibare; Jun Takahashi with Maki Hamaguchi, Under Cover; Viktor Horsting and Rolf Snoeren with Bram Classen, Viktor & Rolf.

Thanks also to the following galleries and agents: Galerie Almine Rech, Paris; Art + Commerce, New York; Deitch Projects, New York; Matthew Marks Gallery, New York; Stephen Friedman Gallery, London and Pace/McGill Gallery, New York.

Last, but not least, I would like to thank all those who have lent works to us for the exhibition: Luc Bellier, Paris; Anne Faggionato, London; Simona Fantinelli, London; Sophie Lammerant-Velge, Brussels; Bernard de Launoit, Brussels; Poju and Anita Zabludowicz, London; Museum Boijmans van Beuningen, Rotterdam; Centraal Museum, Utrecht; DAKS Simpson Group, London; Sisley, Milan and White Cube, London.

Lars Nittve, Director

Berätta om dina tankar om mode; beskriv
förhållandet mellan konst och mode i ca 200 ord.

"Korsbefruktning
Korspollinering
Missförstånd
Förening
Hand i hand
Osams"

—Maison Martin Margiela

Please tell us your reflections on the fashion subject;
the relationship between art and fashion, in ca 200 words.

"Cross pollination
Cross fertilisation
Cross purposes
Union
Hand in hand
Loggerheads"

—Maison Martin Margiela

Modekonst

Fashination rör sig i gränslandet mellan konst och mode. Det är minerad mark där båda disciplinernas självsyn utmanas och ifrågasätts. Många av verken i utställningen kan utan problem fungera i både konst- och modesammanhang. Konstbegreppets utvidgning de senaste åren är svår att överblicka. I stort sett alla tekniker och verksamheter kan vara eller utses till konst.

Modescenen har också förändrats. Det finns modeskapare vilkas arbete, metoder och frågeställningar har många likheter med samtida konstnärers, inte bara visuellt utan även konceptuellt. Självfallet har det funnits ett stort utbyte mellan konst och mode även tidigare i historien, men denna utställning koncentrerar sig på de senaste tio åren, då detta utbyte intensifierats och fördjupats.

I *Fashination* möter vi arbeten av modeskapare, konstnärer och fotografer – de sistnämnda rör sig i båda världarna, även om några av dem började som konstnärer och andra som modefotografer. Modeskaparna däremot är ofta noga med att påpeka att de inte gör konst. Modet har en egen kulturell betydelse och egna koder. Roland Barthes hävdade redan 1967 att modesystemet inte handlar om funktion utan är ett slags semiotik där kulturell mening konstrueras.[1] Samtidigt är det viktigt att modet alltid har en taktil aspekt, ett förhållande till kroppen och kroppens rörelser: materialet och stoffet talar inte bara till synsinnet.

För modeskaparna i utställningen har vi avgränsat urvalet till det mode som rör sig i det internationella modesystemet. Det är fortfarande starkt dominerat av ett fåtal storstäder som Paris, London, New York, Milano, Tokyo och Antwerpen – även om det skapas intressant mode även utanför dessa platser. De aktörer som vi valt har alla inflytande i detta inre modesystem, trots sina radikala praktiker.

Konstnärerna i utställningen har alla ett uttalat modeintresse.

> "Mode och konst kommer allt närmare varandra och det finns en enorm massa gränsöverskridanden mellan de två – det är oundvikligt, eftersom båda är visuella stimulantia. Med den skillnaden att konst generellt är statiskt, medan mode, lika generellt sett, befinner sig i rörelse. Men idag kan förstås konst vara baserat på performance, medan mode kan visas i installationer."
> —Alexander McQueen

De flesta av de verk vi har valt har skapats i dialog med modevärlden och presenterats i en modekontext – om de inte, som i Yinka Shonibares fall, är gjorda särskilt för utställningen.

Hatkärlek

Konstens förhållande till modet är invecklat. Periodvis har man rynkat på näsan åt det efemära och ytliga – konsten skulle vara tidlös och allvarlig, och många tycker så än. Tanken att konstens utveckling, de förändringar i uttryck och betydelser som den genomgår, skulle ha något att göra med mode är skrämmande för många av konstens mer asketiska förespråkare. En uppdelning i högt och lågt, elitistiskt och populärt, masskultur och avantgarde har sedan länge använts i diskussioner om modern kultur. Enligt dessa gamla värdeskalor står konsten "högt" och modet "lågt", men att beskriva modet som populär masskultur är inte helt oproblematiskt: tänk på haute couture.

Den brittiske curatorn och författaren Chris Townsend påpekar att modet av tradition har varit ett hantverk i nära anslutning till broderi och sömnad.[2] Det har producerats av och för kvinnor och designats av "feminina män" och har därmed hört till den kvinnliga sfären, medan konsten – där ädlare material bearbetats för att uttrycka idéer – uppfattats som en viljeyttring förbehållen mannen.

Att konst och mode tidvis lever i symbios är kanske inte förvånande med tanke på det gemensamma intresset för det visuella. Modeskribenten Suzy Menkes lyfter fram tre perioder då utbytet varit särskilt intensivt: på 1920- och 30-talen ville Bauhaus förena modernismen med de tillämpade konsterna och då blev också Elsa Schiaparelli känd för sin modekonst som tidvis skapades i samarbete med surrealisterna Salvador Dalí och Jean Cocteau; på 1960-talet fick gatumodet en betydande roll, och popkonsten och i synnerhet Andy Warhol, som började sin karriär som tecknare i modemagasin, fick sitt genombrott (Warhols fascination för glamour och förgänglighet tog sig otaliga uttryck i hans konst och liv). Den tredje perioden som Menkes nämner varar än: i London under 1990-talet flirtade inte bara samtidskonsten med populärkulturen utan blev verkligen populär i den bemärkelsen att konstnärer uppnådde en status som liknade pop- och filmstjärnornas.[3] För Young British Artists var samarbeten med modevärlden mer regel än undantag. Tracey Emin, Sarah Lucas, Sam Taylor-Wood och Damien Hirst är några som arbetat i dialog med eller i sin konst refererat till modevärlden. Och fenomenet är på intet sätt begränsat till England.

Vissa, som fotohistorikern Abigail Solomon-Godeau, menar att dagens intresse för gränslandet mellan konst och mode bara är en utveckling av något som började redan på 1980-talet.[4] Den tongivande konsttidskriften *Art Forum* publicerade ett fotografi av en klänning av Issey Miyake på ett omslag redan 1982. Ändå tycks något ha hänt med denna relation sedan början av

Fashion art

Fashination investigates the borderland between art and fashion. This is a minefield. The self-image of both disciplines is challenged and questioned. The exhibition features works that can function in both art and fashion contexts. The recent extension of the concept of art is difficult to grasp. Practically any technique or practice can be considered to be, or ordained to be, art.

But the fashion scene has also changed. There are many fashion designers whose work and methods have many similarities to those of contemporary artists, not only visually, but also conceptually. Of course, historically, there have been extensive exchanges between art and fashion, but this exhibition concentrates on the past decade, when these exchanges intensified and deepened.

Fashination presents works by designers, artists and photographers – these last operate in both worlds, although some started as artists and others as fashion photographers. Fashion designers, on the other hand, often meticulously point out that what they do is not art. Fashion has its own specific cultural significances and codes. Roland Barthes claimed that the fashion system is not about function, but is a form of semiology in which cultural meaning is constructed.[1] At the same time, it is crucial that fashion always has a tactile aspect, a relationship to the body and the body's movements: that the material and fabric are more than just visually appealing.

We have limited the selection of fashion designers to those who are part of the international fashion system, which is still powerfully dominated by a handful of cities – Paris, London, New York, Milan, Tokyo and Antwerp – even if interesting fashion can also emerge elsewhere. Despite their radical practices, the designers we have chosen all have an influence on this inner fashion system.

The artists in the exhibition are united by their explicit interest in fashion. Most of their works in the exhibition were created in dialogue with the fashion scene and presented in a fashion context – except where they were produced especially for this exhibition, as with Yinka Shonibare.

Love-hate relationship

Art's relationship to fashion is a complex one. At times, the art world has turned its nose up at the ephemeral and superficial – art should be timeless and serious, an opinion that many people still abide by. The idea that the development of art, the permutations of expression and meaning, are in any way linked to fashion is frightening to many of the more ascetic proponents of art. A division into high and low, elitist and popular, mass culture and avant-garde, has long been applied in discussion on modern culture. According to these old values, art is 'high' and fashion 'low' in status. But to describe fashion as a popular mass culture is not entirely without its problems: just consider haute couture.

The British curator and writer Chris Townsend points out that

"Fashion and art are coming closer together, and there is an enormous amount of intermingling of the two – that's unavoidable, since both are visual stimulants. With the difference that art is generally static, whereas fashion, also generally speaking, is perpetually in transition. But today, of course, art can be based on performance, while fashion can be displayed in installations."
—Alexander McQueen

fashion has traditionally been a craft with close links to embroidery and sewing.[2] It was produced by and for women and designed by 'effeminate men', setting it firmly in the women's domain, whereas art – using nobler materials to express ideas – was perceived as a male reserve.

The occasional symbiosis between art and fashion is perhaps not surprising, considering their shared interest in the visual dimension. Fashion writer Suzy Menkes highlights three periods when this exchange was particularly intense: the 1920s and '30s, when Bauhaus wanted to fuse modernism with the applied arts, and when Elsa Schiaparelli became famous for her fashion art, which occasionally came out of a collaboration with the surrealists Salvador Dalí and Jean Cocteau; the 1960s, when street fashion gained momentum, and pop art – especially the work of Andy Warhol, who started his career as a draughtsman for fashion magazines – had its breakthrough (Warhol's fascination with glamour and ephemerality was expressed in innumerable ways in his art and life); and the third period, which is still going on: the 1990s in London, where contemporary art flirted with popular culture and became truly popular in the sense that artists attained a status comparable to that of pop or film stars.[3] For the Young British Artists, the YBAs, collaboration with the fashion world was *de rigeur*. Tracey Emin, Sarah Lucas, Sam Taylor-Wood and Damien Hirst are some of the artists who have worked in dialogue with the world of fashion, or made reference to it in their art. And the phenomenon is by no means limited to Britain.

Some, like the photo historian Abigail Solomon-Godeau, claim that the current interest in the borderland between art and fashion is merely an expansion of something that started back in the 1980s. Already in 1982, the seminal magazine *Art Forum* featured a photograph of a dress by Issey Miyake on

1990-talet. Utbytet har intensifierats. Inte minst inom modet skedde under slutet av 1980-talet, men framför allt under 90-talet, en del radikala förändringar. Det var då som ett antal mer konceptuellt inriktade modeskapare slog igenom: Martin Margiela, Viktor & Rolf, Hussein Chalayan och Alexander McQueen.

Ett tecken på det ömsesidiga intresset är att ett antal modehus inte bara sponsrar stora utställningar, utan även skaffar sig egna konsthallar. Modehusen annonserar i konsttidskrifterna, samtidigt som konsttidskrifterna analyserar modefotografi. Många modemagasin skriver dessutom om samtidskonst på ett sätt som visar att de utgår från att deras läsare inte bara är intresserade utan även initierade. Till och med *Time Magazine* har ägnat ett omslag åt fenomenet.

Bortsett från alla separata konstnärskap och modeskaparnas aktiviteter har även ett antal grupputställningar uppmärksammat relationen mellan konst och mode. En av de första och största var Florensbiennalen 1996, där Germano Celant och Ingrid Sischy var curatorer. I biennalens samtida del hade modeskapare samarbetat med konstnärer. Modeskaparnas försök att göra konst blev inte alltid så lyckade. I andra utställningar har man inkluderat verk av konstnärer som på ett eller annat sätt liknar kläder – men som kanske inte har så mycket med mode att göra, annat än i en mycket generell bemärkelse. Det har också gjorts konstutställningar som kretsar kring specifika plaggs betydelse.

Tydligast och mest naturligt är utbytet inom fotografin, där det också längst har varit etablerat. Samma fotografier kan uppträda i såväl mode- som konstsammanhang. Konstfotografer har genom historien varit nödgade att försörja sig genom att göra modereportage och kampanjer åt tidningar. En del av dessa fotografier har blivit viktiga och uppskattade delar av konstfotografernas œuvre. Men även här har utbytet och rörelserna mellan de olika fälten intensifierats sedan början av 1990-talet. Om konsten från Andy Warhol till Cindy Sherman har refererat till populär-

kulturen, så har på senare år populärkulturen allt oftare refererat tillbaka till dessa och andra konstnärer. På samma sätt sägs Louis Vuitton och Chanel kopiera de piratkopior som görs av deras märken. Det är som ett rum fullt av speglar där det blir allt svårare att veta vad som är original och vad som är kopia.

Sedan början av 1990-talet har det skett en förskjutning av tyngdpunkten från kläder till livsstil, från lyx och klassisk skönhet till ungdomskultur, postpunk, grunge och gatumode. Det har också skapats utrymme för en mer kritisk självreflektion.

Samtidigt har allt fler konstnärer intresserat sig för modets visuella direktförbindelse med "mannen på gatan" och för dess förmåga att fånga upp aktuella frågor om makt, identitet och tidsanda. Även modets förhållande till lustprincipen spelar säkert in, samtidigt som det i mycket samtidskonst finns ett slags moralisk skräck för just lusten och skönheten. Samtidskonsten har för många ett upplysande, moraliskt uppdrag som är svårförenligt med en del av den hedonism och dekadens som förknippas med modet, såvida man inte förhåller sig entydigt kritisk. Begreppet skönhet har inte stått högt i kurs inom konsten sedan modernismen gjorde sitt intåg. Att modet lämnat de klassiska skönhetsidealen har säkert bidragit till det ökade intresset från konstens sida. Alexander McQueen har exempelvis utvecklat en "grymhetens estetik": mörkt romantisk och melankolisk med otaliga referenser till våld och död.

Ett utvidgat konstbegrepp

Kritiska röster, som den franske curatorn och kritikern Eric Troncy hävdar att modet närmar sig konsten för att vinna något av den intellektuella status och respekt som konsten åtnjuter, medan konsten längtar efter modevärldens pengar och glamour.[5] Kulturellt kapital mot ekonomiskt kapital, kort sagt. Någon sanning ligger säkert i denna krassa analys, men samtidigt måste man konstatera att det antagligen finns djupare, mer

its cover. Yet, something appears to have happened to this relationship since the early 1990s. The exchange has heated up. Not least in fashion, many radical changes took place in the late 1980s, but even more so in the 1990s. It was at that time that a number of more conceptually orientated fashion designers made their debut: Martin Margiela, Viktor & Rolf, Hussein Chalayan and Alexander McQueen.

One sign of this mutual fascination between art and fashion is that several fashion houses not only sponsor major exhibitions, but have also acquired their own galleries. The fashion houses advertise in art magazines, and the art magazines analyse fashion photography. Many fashion magazines also review contemporary art in a way that demonstrates that they assume their readers are not only interested, but initiated. Even *Time Magazine* has devoted a cover to this phenomenon.

In addition to the individual oeuvres and activities of various fashion designers, a few group exhibitions have focused on the relationship between art and fashion. One of the first and largest was the Florence Biennial in 1996, curated by Germano Celant and Ingrid Sischy. In the contemporary section of the Biennial fashion designers worked together with artists. The fashion designers' attempts to create art were not always that successful. Other exhibitions have incorporated works by artists that in one way or another resemble clothes – but perhaps do not bear that much of a relation to fashion, other than in very broad terms. There have also been art exhibitions themed around the significance of certain items of apparel.

The most obvious and natural exchange is within photography, where it has existed the longest. The same images can feature in both fashion and art contexts. There are many examples of art photographers who have had to earn their living by doing fashion shots and campaigns for the press. Some of these photographs have come to be an important and respected part of their oeuvre. But here, again, the exchange and mobility between the disciplines have intensified since the early 1990s. If art from Andy Warhol to Cindy Sherman contains references to popular culture, then popular culture is now referring back to these and other artists. Likewise, Louis Vuitton and Chanel are said to copy the pirate copies of their products. It is like a hall of mirrors, where it becomes more and more difficult to work out which is the original and which is the copy.

Meanwhile there has been a shift in emphasis from clothes to lifestyle, from luxury and classic beauty to youth culture, post-punk, grunge and street fashion. More room has also been given to a critical self-reflection.

Since the early 1990s, more and more artists have been drawn to the direct visual link between fashion and the 'man in the street', and the ability of fashion to encapsulate current issues of power, identity and the zeitgeist. Fashion's relation to the pleasure principle probably plays a part in this, whereas some contemporary art seems to incorporate a kind of moral panic in relation to pleasure and beauty. To many people, contemporary art has an educational, moral mission that is incompatible with some of the hedonism and decadence associated with fashion, unless one adopts an unequivocally critical standpoint. The concept of beauty has not been in favour since the advent of modernism. Contemporary fashion's flouting of the classical ideals of beauty may have contributed to the increased interest on the side of art. Alexander McQueen, for instance, has developed an "aesthetic of cruelty": darkly romantic and melancholy, with countless references to violence and death.

An expanded concept of art
Critical voices, such as that of French curator and critic Eric Troncy, maintain that fashion is approaching art to acquire some of the intellectual lustre and respect that art enjoys, while art hankers for the money and glamour of the fashion scene.[5] In other words, cultural capital is traded against financial capital. Undoubtedly, there is some truth in this crass analysis. But there are also more profound, complex motives for this merging of disciplines. An expanded concept of art is crucial to the dissolving of boundaries. Ever since the romantic era in the late 1700s, art has been regarded as autonomous – and autonomy has been a coveted asset. Fashion and fashion photography, on the other hand, have been subject to the client. Today, few people still harbour the belief that art can or should be entirely autonomous, and yet, few can fully accept that this must necessarily lead to a close symbiosis with the 'market'. Perhaps autonomy is neither necessary nor sufficient for art to maintain a critical stance.

Following the postmodernist showdown with the utopias, the major visionary projects began to be regarded with wariness. Instead, more modest attempts were launched to cope with the contemporary world, within the framework of a form of nomadic relativism without any claims on truth, future or eternity.

The death of utopias are the reason for the great interest in the here and now, that we find in contemporary art, accoding to the art historian and philosopher Boris Groys. Fashion has always mirrowed and articulated the here and now.

Fashion and cosmetics (as an appendix to the fashion industry) are considered by many to be the ultimate superficiality. In Western culture and philosophy, from Plato onwards, the surface was regarded as a deceptive appearance that can never do justice to the Ideas – the depths – behind it. The surface was viewed with contempt. Postmodernism involved a new approach: the surface became highly interesting, perhaps even the only thing we could speak about, and the screen for the meaning we projected onto it. Postmodernism twisted our perspective – the meaning did not lie behind the surface, but was created by us – the viewers. A perspective like that makes fashion much more interesting for art.

Art and design – identity and branding
The interest of the art world in fashion can be seen in a broader perspective that includes design and architecture. And this, in turn, can be seen as an increased interest from contemporary art in so-called reality: social, economic and political issues.

Identity is another issue that is interesting to both art and fashion. Fashion constructs and marks the identity of the wearer – or rather, the identity the wearer wants to assume. This can involve various forms of belonging, power positions or sexuality. As the drag queen Ru Paul puts it: "Honey, you were born naked. The rest is drag."

When we talk of identity in commercial contexts, we often mean 'branding', trademark promotion – a crucial component of the fashion system. Designer labels are built up and invested with a vast symbolic, not to say financial, value. Pumping up a

"We see that there is in art still a lot of "l'art pour l'art", art that only talks about itself. In fashion we see the same: fashion that is only talking about fashion. We already had the revivals, the remaking of the 60s, the 70s, the 80s and the 90s, but I think it's time to make fashion that really expresses our situation. Not living the greatest 80s, but living in the 21st century." —Alicia Framis

"Vi ser att det fortfarande finns mycket konst som bara är konst för konstens skull, konst som bara handlar om sig själv. Vi ser samma sak inom modet: mode som bara handlar om mode. Vi har redan haft en massa retromode, 60-tal, 70-tal, 80-tal och 90-tal, men jag tycker det är på tiden att skapa mode som verkligen uttrycker vår situation. Som inte handlar om att leva 80-talsliv utan om att leva på 2000-talet." —Alicia Framis

komplicerade orsaker till att de olika disciplinerna närmar sig varandra. Ett utvidgat konstbegrepp är en förutsättning för uppluckringen av gränserna. Konsten har sedan romantiken och slutet av 1700-talet ansetts vara autonom – och autonomin har varit något eftersträvansvärt. Modet och modefotografin har däremot varit knutna till beställare. De flesta har i dag övergivit tron på att konsten kan eller bör vara helt autonom, men samtidigt vill man inte fullt ut acceptera att detta skulle behöva leda till en tät symbios med "marknaden". Kanske är autonomi varken nödvändigt eller tillräckligt för att konsten ska kunna vara kritisk.

Postmodernismens uppgörelse med utopierna innebar att de stora framtidsprojekten började betraktas med stor misstänksamhet. I stället iscensattes mer blygsamma försök att hantera nuet inom ramen för ett slags nomadisk relativism utan anspråk på vare sig sanning, framtid eller evighet.

Enligt konsthistorikern och filosofen Boris Groys är utopiernas död orsaken till att konsten i vår tid i hög grad intresserar sig för samtiden – den samtid som modet alltid både speglat och artikulerat.

Mode och kosmetik (som är ett slags utlöpare av modebranschen) anses av många vara höjden av ytlighet. I västerländsk kultur och filosofi från Platon och framåt hade ytan betraktats som ett falskt sken som aldrig kan göra de bakomliggande idéerna – djupet – rättvisa. Ytan var något man såg på med förakt. Postmodernismen medförde ett nytt förhållningssätt: ytan var nu i högsta grad intressant, kanske det enda vi kunde uttala oss om, och det var på den vi projicerade mening. Postmodernismen vred på perspektivet – meningen fanns inte bakom ytan utan skapades av oss, betraktarna. Med ett sådant synsätt blir ett område som mode betydligt intressantare för konsten.

Konst och design – identitet och varumärken

Konstens intresse för modet kan ses i ett större perspektiv där design och arkitektur ingår. Och detta i sin tur kan ses som ett ökat intresse från konstens sida för den så kallade verkligheten: sociala, ekonomiska och politiska frågor.

Identitet är en annan av de frågor som intresserar såväl konsten som modet. Modet konstruerar och markerar identiteten hos den som bär kläderna – eller snarare, den identitet bäraren vill anta. Det kan gälla olika sorters tillhörighet, maktpositioner eller sexualitet. Som dragartisten Ru Paul lär ha uttryckt det: "Honey, you were born naked. The rest is drag."

När man i kommersiella sammanhang talar om identitet handlar det ofta om "branding", varumärkesprofilering – något som är av största betydelse för modesystemet. Designernamnen byggs upp och blir bärare av stora symboliska och framför allt ekonomiska värden. Att pumpa upp varumärket har blivit en viktig strategi i många delar av samhället – symbolvärdet har i vårt mediedominerade informationssamhälle blivit allt viktigare, medan andra värden kommer i andra hand. Branding är ett fenomen som intresserar många konstnärer, som till exempel Svetlana Heger och Sylvie Fleury. Arkitekten Rem Kolhaas och hans kontor OMA/AMO försöker förena design, konst och arkitektur med ett ambivalent och åtminstone i teorin kritiskt förhållningssätt till marknaden. Om museet har närmat sig butiken, varför inte låta butiken delvis fungera som ett museum? frågar han sig i boken om den Pradabutik i New York som han designat som en hybrid mellan butik, utställningslokal och teater.

Modefotografi

Fotografi är en teknik som har flera användningsområden och konnotationer. Till skillnad från till exempel olja på duk kan den användas till mycket annat än att göra konst. Fotografiet är det vanligaste eller åtminstone mest tillgängliga sättet att konsumera det mest avancerade modet – närmare haute couture än så kommer sällan vanliga dödliga. Fotografiet renodlar på sätt och vis modets symboliska funktion – det som skiljer mode från kläder, som framför allt har en praktisk funktion.

Modefotografi återfinns framför allt i modemagasin, på samma sätt som gallerier, konsthallar och museer är de vanligaste platserna för konst. Modemagasinens betydelse för modefotografin går inte att överskatta. I dag, när konstnärer ofta gör arbeten för modemagasin och fotograferna har något av den stjärnstatus som supermodellerna hade under slutet av 1980-talet, finns det risk för att man glömmer att modefotografi till stor del är resultatet av ett lagarbete som oftast kräver mängder av olika kompetenser. Modemagasinets redaktörer har ofta ett stort inflytande över hur uppdragen utformas, de modeskapare vilkas kläder fotograferas. Stylister, modeller och make-up-artister har alla betydelse för resultatet.

De engelska magasinen *The Face* och *i-D* var mycket inflytelserika under 1980- och 90-talen. De blandade modereportage med musikreportage samtidigt som de diskuterade aktuella problem och kunde vara ytterst kritiska. Till skillnad från de klassiska modemagasinen förde de fram modet som livsstil. De var inspirerade av punken och det engelska gatumodet, vilket genomsyrade allt från fotografin till lay-out och typsnitt – råa, hoptejpade collage och urklippta bokstäver som i kidnappares brev. *i-D* grundades 1980 av Terry Jones, tidigare art director för brittiska *Vogue*. *The Face* och *i-D* var viktiga plattformar för nyskapande fotografer, stylister, redaktörer och art directors och kom att förnya modefotografin med fotografer som Travis, Glen Luchford, David Sims, Nigel Shafran, Nick Knight, Wolfgang Tillmans, Corinne Day, Juergen Teller, Marc Lebon och Derek Ridgers. Nick Knight var även redaktör för *i-D* i slutet av 1980-talet och början av 90-talet. Phil Bicker, art director på *The Face*, gav frihet och utrymme åt oetablerade fotografer som sedan blev anlitade även av andra magasin. Även tidningar som *Dazed*, *Purple*, *W*, *Tank*, *Dutch*, *Spoon*, *Blitz*, *Self Service*, *Citizen K* och *Another Magazine* har bidragit till en ny syn på mode och modefotografi, och fler dyker ständigt upp. Magasinen publicerar ibland fotografier i modereportage som inte avbildar kläder överhuvudtaget, och i många modereportage utgör kläderna mest rekvisita i en större berättelse där modellerna och miljön är minst lika viktiga.

En del kritiker menar att modefotografin förlorar på att visas i utställningar. Modemagasinens inramning och fotografiernas ursprungliga funktion är naturligtvis viktiga och något händer när fotografierna visas i en annan kontext, men eftersom konstnärer arbetar för mode- och livsstilsmagasinen blir det svårt att upprätthålla denna genresyn. Även om fotografierna förlorar något i förflyttningen från modemagasin till museisal, så kan de också vinna något. Det handlar inte bara om kulturell status och legitimitet utan även om slagkraften i ett fotografi som får en större skala och mer utrymme.

Terry Richardson, *Big Sur*
Sisley, Hösten/vintern:
Autumn/Winter 1999–2000

brand name has grown into a vital strategy in many sectors of society – symbolic value has become more and more important in our media-dominated information society, while other values have taken a back seat. Branding is a phenomenon that fascinates many artists, including Svetlana Heger and Sylvie Fleury. The architect Rem Kolhaas and his bureau OMA/AMO try to combine design, art and architecture with an ambiguous and, at least theoretically, critical attitude to the market. 'Now that the museum has approached the shop, why not let the shop work partly like a museum?' he asks in his book about the Prada shop in New York, which he designed to be a hybrid between a shop, gallery space and theatre.

I katalogen till utställningen *Fashioning fiction in photography since 1990*, som visades på Museum of Modern Art i New York tidigare i år, beskriver curatorerna Susan Kismaric och Eva Respini hur modefotografin har gått från att avbilda kläder i tablåliknande stillebentradition till att spegla och skapa livsstilar där kläder ingår i ett flöde, en berättelse. Denna narrativa fotografi är framför allt påverkad av två källor: filmen och snapshotfotografin.[6]

Snapshotestetiken är en del av den realism som bland andra *The Face* och *i-D* introducerade. Fotografer som Corinne Day, Wolfgang Tillmans och Terry Richardson lyfter fram det personliga och privata (vänner, hemmiljöer, klubbar) i antingen naturligt ljus eller blixtbelysning. Den värld som frammanas skiljer sig starkt från det traditionella modets artificiella, strikt arrangerade verklighet, som få människor kände igen sig i men som man förväntades drömma om. Terry Richardson medverkar själv i många av fotografierna. Hans bilder frossar i allt som brukar förknippas med dålig smak och vulgaritet. Modellerna är ofta nakna, hånglar, dricker och röker. Det som skiljer detta från vanlig pornografi är dels att både de kvinnliga och manliga modellerna ser ut att ha roligt, dels att de har karaktären av snapshots snarare än iscensättningar. Bilderna hör till modefotografins mer omdebatterade och kritiserade.

Modets makt att styra ideal och påverka människors självbild borde medföra ett ansvar för vilka ideal som skapas, menar många. Såväl den retuscherade perfektionen som supermodellerna har kritiserats för att vara osunda ideal. Corinne Day är kanske den fotograf som starkast förknippas med bilder av magra, hålögda modeller med blanka, dimmiga ögon i skitiga lägenheter (se Salka Hallström-Bornolds text för ett resonemang kring "heroin chic"). Man ska inte heller underskatta Kate Moss betydelse för det nya skönhetsidealet, men det kanske inte är någon risk med tanke på alla hyllningar som ägnats henne.

Denna snapshotestetik – realismen, punktattityden – inom modefotografin kom samtidigt som ett slags dekonstruktion lanserades av ett antal nya modeskapare av vilka de främsta var från Antwerpen – Ann Demeulemeester, Martin Margiela med flera. Dessa modeskapare sydde om begagnade kläder, och second hand-kläder – Vintage – letade sig även in i modereportagen som ett uttryck för en mer personlig stil. Det gick an att fritt blanda designerkreationer med kläder från billiga affärskedjor och second hand-plagg. Detta markerade ett oberoende, att man själv styrde sina val och inte okritiskt köpte hela paketet från några kända märken. Även haute couturen var mer influerad av gatumode och ungdomskultur än tidigare. (En paradoxal rörelse var ganstarapparnas appropriering av den extrema lyxen från de gamla modehusen.)

Narrativ modefotografi

Detta filmiska, historieberättande modefotografi har en föregångsgestalt i Guy Bourdin, som från 1950- till 80-talet fotograferade för franska *Vogue* och gjorde kampanjer för Charles Jourdan.

> "Alla populärkulturella yttringar inverkar på konsten idag, inte minst fotografin. Sambandet är omedelbart men inte viktigare än reklamens förhållande till konsten eller tevens till konsten. Allt det är bakgrundsbrus i min arbetsmiljö. Vad gäller själva modebranschen är kommodifiering genom mode inget problem i min personliga praktik." –Philip-Lorca diCorcia

Philip-Lorca diCorcia
W, September 1997, #8

Fashion photography

Photography is a technique with many applications and connotations. Unlike, say, oil on canvas, it can be used for many things apart from art. Photography is the most common, or at least the most accessible, means of consuming the more advanced fashion – mere mortals do not get any closer than this to haute couture. In some ways, photography refines the symbolic function of fashion – that which sets fashion apart from clothes, which, above all, serve a practical purpose.

Fashion photography appears mainly in fashion magazines, just as galleries, art institutions and museums are the usual forums for art. The importance of fashion magazines to fashion photography cannot be overstated. Today, when artists are often commissioned to do work for fashion magazines, and photographers have something of the star quality that supermodels had in the late 1980s, we risk forgetting that fashion photography is largely the result of teamwork, frequently requiring a wide variety of skills. Fashion editors often have a large influence on the design of the feature, as does the choice of fashion designers whose clothes are photographed, the stylists, models, make up artists, and so on.

The British magazines *The Face* and *i-D* had an enormous impact in the 1980s and '90s, with their mixture of fashion and music features and sometimes sharply critical discussions on current issues. Unlike the conventional fashion magazines, they promoted fashion as a lifestyle. They were inspired by punk and British street fashion, which permeated everything from the photography to the layout and typeface – raw, cellotaped collages, and cut-out letters, like in a ransom note. *i-D* was started in 1980 by Terry Jones, former art director of British *Vogue. The Face* and *i-D* were important platforms for innovative photographers, stylists, editors and art directors, and revitalised fashion photography with names like Travis, Glen Luchford, David Sims, Nigel Shafran, Nick Knight, Wolfgang Tillmans, Corinne Day, Juergen Teller, Mark Lebon and Derek Ridgers. Nick Knight was also the editor of *i-D* in the late 1980s and early 1990s. Phil Bicker, art director of *The Face*, gave unestablished photographers a free hand and wide scope, which helped launch their careers with other magazines. Other publications, such as *Dazed, Purple, W, Tank, Dutch, Spoon, Blitz, Self Service, Citizen K* and *Another Magazine* have also contributed to a new approach to fashion and fashion photography, and new ones are appearing all the time. These magazines sometimes include photos that are not even of clothes in fashion features, and in many features the clothes are mere props in a larger narrative in which the models and the setting are at least as important.

Some critics say that fashion photography loses something when shown in exhibitions. The fashion magazine setting and the original purpose of the photographs are, of course, essential, and something happens when the images are transposed to another context, but since artists are employed by the fashion and lifestyle magazines, it becomes hard to maintain this strict division into genres, so the photographs also stand to gain something. Not only the cultural status and legitimacy of the photograph is blown up and given more space – the impact is also greater.

In the catalogue for the exhibition *Fashioning Fiction in Photography Since 1990*, which was shown at the Museum of Modern Art in New York earlier this year, the curators Susan Kismaric and Eva Respini describe how fashion photography has developed from depicting clothes in the tableau-like still-life tradition to reflecting and creating lifestyles where the clothes are part of a flow, a narrative. This narrative photography is influenced primarily by two sources: the cinema and the snapshot.[6] Snapshot aesthetics formed part of the realism that was introduced by magazines such as *The Face* and *i-D*.

"All aspects of popular culture impact on the arts these days, especially photography. The relationship is direct but no more important than the relationship of advertising to art or of TV to art. All of this is background noise in the environment in which I work. As far as the fashion industry itself is concerned, co-modification through fashion is not an issue in my personal practice." —Philip-Lorca diCorcia

Photographers such as Corinne Day, Wolfgang Tillmans and Terry Richardson highlighted the personal and private (friends, domestic environments, clubs), using natural light or flashbulbs. The world they evoked is starkly different from the artificial, strictly arranged reality of conventional fashion, which few people identified with, but were expected to aspire to. Terry Richardson participates personally in many of his photographs. His images revel in everything that is usually associated with bad taste and vulgarity. The models are frequently nude, and they snog, booze and smoke. What sets these pictures apart from run-of-the-mill pornography is that the female and male models appear to be having fun, and also that they have the character of snapshots rather than arranged scenes. These are among the more controversial and criticised images in fashion photography.

The power that fashion has on ideals and people's self-images should prompt a sense of responsibility for the ideals it creates according to some critics. Both the retouched perfection of the supermodels and the wasted look sometimes called "heroin chic", have been criticised for setting unhealthy examples. Corinne Day is possibly the photographer who first springs to mind when it comes to pictures of skinny, hollow-eyed models with glazed-over eyes, in squalid apartment settings (see Salka Hallström Bornold's essay for a discussion of "heroin chic"). Nor should one underestimate the importance of Kate Moss in setting a new standard of beauty, but perhaps there's very little danger of that happening, considering how celebrated she is.

This snapshot aesthetic – realism, punk attitude – in fashion photography emerged at the same time as a new form of deconstruction was being promoted by a set of new fashion designers, the foremost exponents – Ann Demeulemeester, Martin Margiela and others – coming from Antwerp. These designers remodelled used clothes, and second-hand – vintage – clothes even made their way into the fashion pages as an expression of a more personal style. It was perfectly legitimate to mix designer creations with cheap chain-store garments and second hand clothes. This showed independence, personal choice, rather than slavishly purchasing a complete outfit from a few well-known labels. Even haute couture was more influenced by street fashion and youth culture. (A paradoxical movement was the gangsta rappers' appropriation of the extreme luxury of the old fashion houses.)

Narrative Fashion Photography

This cinematic, narrative fashion photography has a forerunner in Guy Bourdin, who photographed for French *Vogue* from the 1950s to '80s, and did promotions for Charles Jourdan. He often created disturbing, slightly bizarre, sexually charged scenes, with allusions to violence. His images also contain references to surrealism. Helmut Newton's photographs have also influenced the fashion photography that leans towards eroticism

Vanessa Beecroft, *VB.Twins#01*
Vogue Italia, October 2003

Han skapade ofta lätt bisarra scener med sexuell laddning, där även antydningar till våld och en viss känsla av oro spelar in. Hans bilder innehåller också flera hänvisningar till surrealismen. Även Helmut Newtons fotografier har betytt mycket för den erotiska och fetischistiskt inriktade modefotografin. Men det är kanske Bourdin som först och tydligast introducerar kombinationen av våld och död och erotik. I många av Bourdins bilder finns också en svart humor och en provokation riktad mot anständigheten och moralen. (Den dekadenta värld han skildrar påminner om J.G. Ballards romaner, exempelvis *Crash*, *Cocaine Nights* och *Super-Cannes*, där en uttråkad överklass söker spänning och kittling i mötet mellan våld, makt och sex.) Detta har sedermera blivit ett populärt tema hos många modefotografer och modeskapare. I Izima Kaorus fotografier föreställande brutalt mördade, blodiga modeller i luxuösa miljöer handlar det inte längre om antydningar. Bilderna med titlar som "Akikawa Risa

> "Mode intresserar mig, men jag är besatt av stil. Konstmode och klädmode fungerar likartat – det är oftast underhållande och helt nödvändigt för att tolka samtiden." –Lars Nilsson

wears Chanel" är frånstötande.

Philip-Lorca diCorcia har varit föregångare för en slags filmiskt modefotografi med narrativa element. Han hör till de etablerade konstnärer som ibland arbetar inom modevärlden. Sedan 1997 har han producerat ungefär en fotoserie om året åt modemagasinet *W*. Det teatrala ljuset och stillheten i bilderna är utmärkande. Man kan även läsa in känslor som längtan, begär och nostalgi. Modellerna är perfekta som modedockor och tycks nästan komma från en annan värld, vilket framhäver det artificiella i modet. I en av diCorcias bildsviter ser vi ett exklusivt cocktailparty där en naken ung manlig modell visas upp i en glasbur, uppenbarligen som ett slags kittlande underhållning. Gästernas trånande och hungriga blickar, såväl mäns som kvinnors, i de första bilderna följs upp av bilder där olika gäster från partyt söker upp den unge mannen.

I *Fashion Images de Mode* berättar diCorcia om sin idé till reportaget: "At first I thought the class exploitation and decadence thing was a little predictable but then I decided that it was important for me to maintain a critique of the medium in which I was working, which I have consistently tried to do. I saw the characters as both models of production and consumption at a time in the US when big money and rampant materialism were so all-pervasive as to have become applaudable to most."[7] Kan modefotografin och modemagasinen, som diCorcia tycks mena, rymma både en kommersiell och en kritisk dimension? diCorcia hör till dem som undviker, eller rent av ifrågasätter, den objektifiering som fortfarande är vanlig i modevärlden.

Även Martina Hoogland Ivanows modefotografier undviker den stereotypt sexuella objektifieringen. Hon arbetar med modereportage och kampanjer åt *Prada* och *Miu Miu*, men kan i tidskrifter som *i-D* och *Colors* också publicera fotoessäer som handlar om allt från isracing i norra Sverige till oljebrottare i Japan. Även i hennes modereportage förekommer fotografier som enbart relaterar till kläder genom att skapa stämningar.

Inez van Lamsweerde och Vinoodh Matadin använde tidigt digitalt manipulerade bilder, där den omänskliga perfektionen hos modellerna gjorde dem monstruösa. I deras senare arbeten är de manipulationer som förekommer nästan omärkliga. De arbetar ofta tillsammans med stylister som Joe McKenna och Melaine Ward, som känner modesystemets koder så bra att de vet hur de ska kunna bryta reglerna och skapa bilder som oroar genom subtila motsägelser.

Konstnärer i dialog med modesystemet

Flera av de konstnärer i *Fashination* som inte arbetar med modefotografi har ändå skapat verken i någon form av dialog med modesystemet. Även om dessa verk inte nödvändigtvis handlar om mode, så kan de alltså fungera i ett modesammanhang. Lars Nilssons *Game is Over* beställdes av modehuset DAKS och premiärvisades i samband med invigningen av deras butik på Bond Street i London. Skräddaren Timothy Everett, som gjort kostymer till Lars Nilssons skulpturer, hade länge försökt få Nilsson att visa dem i en butiksmiljö, vilket Nilsson dittills tackat nej till eftersom skulpturerna var gjorda för en annan kontext. När han sedan fick fria händer att skapa ett verk för en specifik situation såg han andra möjligheter.

Alicia Framis *anti_dog Collection* presenterades som en modekollektion i Parisvisningarna. Det innebar att hon fick underkasta sig de regler och inträdeskrav som modeskaparna har att arbeta efter. En kollektion måste innehålla minst åtta klänningar. Att som konstnär arbeta i en annan kontext, modets, innebär att andra koder och regler gäller. Översättningen, förflyttningen av konstnärliga förhållningssätt, frågeställningar och betydelser, till ett annat system kan i sig vara intressant eftersom samtidskonsten är så upptagen av frågor som rör just kontextens betydelse för tolkningen eller snarare meningsproduktionen. Men rent praktiskt är det också ett sätt att komma närmare en bruksfunktion – att lämna konstens symboliska sfär för att arbeta i en sfär där ens arbete kan komma till praktisk användning.

Vanessa Beecrofts verk *Twins* är ursprungligen skapat för italienska *Vogue* (oktobernumret 2003) men har för utställningen uppförstorats så att kvinnorna i fotografierna är i naturlig storlek. Därmed påminner de om de verkliga modeller som Beecroft använder i sina performanceverk. Liksom i performanceverken är kvinnorna till förväxling lika; liknande minimala kläder, kroppsbyggnad och frisyr – men i *Twins* är det drivet till sin spets – kvinnorna är faktiskt tvillingar. Här som i många av Beecrofts verk kommer en grym och lite skrämmande sida av modets formande makt i dagen. Kvinnorna framstår som klonade.

I Yinka Shonibares konst är kläderna bärare av en komplex väv av sociala och politiska betydelser, men de är också förföriskt vackra och överdådiga. Hans sätt att ge vackra historiska dräkter nya subversiva betydelser genom att förändra vissa detaljer har i modevärlden en motsvarighet i Vivienne Westwood, även om det naturligtvis finns stora skillnader mellan deras verk. Yinka Shonibare skapar ofta laddade scener med huvudlösa dockor iförda historiska dräkter, och han använder tyger som kommit att förknippas med afrikansk identitet trots att de är producerade av de engelska och nederländska kolonialisterna från indonesiska förlagor. Tygerna och klädernas förmåga att konstruera identitet, ändra betydelser och markera klasstillhörighet både används och problematiseras i Shonibares verk. Frågor kring dessa ämnen ställs i dag även inifrån modesystemet.

Magnus af Petersens

[1] Roland Barthes, *Système de la mode*, Paris 1967, engelsk översättning; *The Fashion System*, New York, 1983.
[2] Chris Townsend, *Rapture*, London, 2001.
[3] Suzy Menkes, "Fashion as Art…", *Art Review*, september 2003.
[4] Abigail Solomon-Godeau, "Dressing Down", *Artforum*, maj 2004.
[5] Eric Troncy, "L'Art fashion", *Beaux Arts*, Paris, oktober 2000.
[6] Susan Kismaric och Eva Respini, *Fashioning Fiction in Photography since 1990*, Museum of Modern Art, New York, 2004.
Stylisten Elliott Smedley har gjort en liknande analys i essän "Escaping to reality. Fashion photography in the 1990s", *Fashion Cultures. Theories, Explorations and Analysis*, red. Stella Bruzzi och Pamela Church Gibson.
[7] Avis Cardella, "Narrative Photography", *Fashion Images De Monde* #6, red. Lisa Lovatt-Smith, London, 2001, s. 32.

and fetishism. But it was Bourdin above all who first, and most blatantly, introduced the combination of violence, death and eroticism into his pictures. Many of them also have a black sense of humour and involve a provocation aimed at decency and morality. (The decadent world he portrays is reminiscent of J.G. Ballard novels such as *Crash, Cocaine Nights* and *Super-Cannes*, in which a bored upper class seeks excitement and titillation in a mix of violence, power and sex.) This has subsequently become a popular theme for many fashion photographers and designers. In Izima Kaoru's photos representing brutally murdered, blood-smeared models in opulent settings the allusions have become explicit. Pictures with titles like *Akikawa Risa wears Chanel* are revolting.

Philip-Lorca diCorcia has been the forerunner of a kind of cinematic fashion photography with narrative elements. He is one of the established artists who occasionally ventures into the world of fashion. Since 1997, he has produced approximately one series of photographs a year for the magazine *W*. The pictures are characterised by dramatic lighting and stillness. They also have an air of longing, desire and nostalgia. The models seem perfect, like dolls, and appear otherworldly, enhancing the artificiality of fashion. One of diCorcia's picture suites shows an exclusive cocktail party, with a nude young male model being displayed in a glass cage, obviously as a tantalising entertainment. The yearning and hungry gazes of the guests, both men and women, in the initial pictures are followed by images in which various party guests have encounters with the young man.

In *Fashion Images de Mode* diCorcia describes his idea for the feature: "At first I thought the class exploitation and decadence thing was a little predictable but then I decided that it was important for me to maintain a critique of the medium in which I was working, which I have consistently tried to do. I saw the characters as both models of production and consumption at a time in the US when big money and rampant materialism were so all-pervasive as to have become applaudable to most."[7] Could fashion photography and fashion magazines, as diCorcia seems to imply, have both a commercial and a critical dimension? diCorcia is among those who avoid, not to say challenge, the objectification that still pervades the fashion industry.

Martina Hoogland Ivanow's fashion photographs also avoid stereotypical sexual objectification. She does fashion features and promotions for Prada and Miu Miu, alongside photo essays in magazines such as *i-D* and *Colors* on a wide array of topics from ice-racing in northern Sweden to oil wrestlers in Japan. Even in her fashion shoots she incorporates images that relate to clothes solely by evoking atmospheres.

Inez van Lamsweerde and Vinoodh Matadin were among the first to use digitally enhanced images where the inhuman perfection of the models made them monstrous. In their more recent work these manipulations are almost imperceptible. They often collaborate with stylists Joe McKenna and Melanie Ward, who are so familiar with the codes of the fashion system that they know how to break the rules and create images that are unnerving through subtle contradiction.

Artists in dialogue with the fashion system
Several of the artists featured in *Fashination* who are not directly involved in fashion photography have still created their works in some form of dialogue with the fashion system. Although these works are not necessarily *about* fashion, they can, nevertheless, work in a fashion context. Lars Nilsson's *Game is Over* was commissioned by the DAKS fashion house and was shown for the first time to accompany the opening of their boutique on Bond Street in London. The tailor Timothy Everett, who makes the suits for Lars Nilsson's sculptures, had long been trying to persuade Nilsson to exhibit them in a shop setting, but Nilsson had persistently declined, since they had been made with another

context in mind. But when he was given carte blanche to create a site-specific work he began to see other potentials.

Alicia Framis's *anti_dog Collection* was presented as a fashion collection in Paris. This meant she had to submit to the rules and entrance requirements that fashion designers have to abide by. A collection has to include a minimum of eight dresses. An artist working in a new context, that of fashion, has to adapt to other codes and rules. The translation and transference of artistic approaches, issues and significances to another system can be interesting in itself, since contemporary art is so preoccupied with the question of how context impacts on interpretation, or rather, the production of meaning. In a more practical sense, also, it is a way of getting closer to a utilitarian function – departing from the symbolic sphere of art in favour of a sphere where the work has practical usage.

Vanessa Beecroft's work *Twins* was originally conceived for

Lars Nilsson, *Game is Over*, 2000

"Fashion interests me, but I am possessed by style. Fashion in itself and fashion in art functions identically, often entertaining and totally necessary for translating the present"
—Lars Nilsson

Italian *Vogue* (October 2003), but has been enlarged for this exhibition so that the women in the photograph are life-size. This makes them reminiscent of the real models Beecroft uses in her performance works. As in the performances the women are almost identical, with identical, minimal clothing, physique, skin and hair colour and styles – but in *Twins* she has taken this to the edge, the women are actually twins. Here, as in many of Beecroft's works, she reveals the cruel and vaguely alarming side of fashion's power to shape us. The women look like they've been cloned.

In Yinka Shonibare's work, the clothes convey a complex fabric of social and political implications, while also being seductively attractive and opulent. His way of investing beautiful, historical costumes with new, subversive implications by changing certain details, has a counterpart in the fashion world in Vivienne Westwood, even though their work is obviously substantially different. Yinka Shonibare often creates electric scenes with headless dummies dressed in historical costume, using prints that have come to be associated with African identity even though they were, in fact, produced by British and Dutch colonialists based on Indonesian patterns. The capacity of fabrics and clothes to shape identity, change meanings and signal class is both used and problematised in Shonibare's work. Today, these questions are also being raised within the fashion system itself.

Magnus af Petersens

[1] Roland Barthes, *Système de la mode*, Paris 1967. English translation: *The Fashion System*, New York, 1983.
[2] Chris Townsend, *Rapture*, London, 2001.
[3] Suzy Menkes, "Fashion as Art…", *Art Review*, September 2003.
[4] Abigail Solomon-Godeau, "Dressing Down", *Artforum*, May 2004.
[5] Eric Troncy, "L'art fashion", *Beaux Arts*, Paris, October 2000.
[6] Susan Kismaric and Eva Respini, *Fashioning Fiction in Photography since 1990*, Museum of Modern Art, New York, 2004. Stylist Elliott Smedley makes a similar analysis in her essay "Escaping to reality. Fashion photography in the 1990s", *Fashion Cultures. Theories, Explorations and Analysis*, eds. Stella Bruzzi and Pamela Church Gibson.
[7] Avis Cardella, "Narrative Photography", *Fashion Images De Monde #6*, ed. Lisa Lovatt-Smith, London, 2001, p. 32.

Mode som mode

"Korsbefruktning, ömsesidig inspiration."

Så svarar Maison Martin Margiela på frågan om hur de ser på temat för utställningen *Fashination*: relationen mellan mode och konst. Ett inte helt oväntat svar från det modehus som rönt mest beundran från konstvärlden sedan Rei Kawakubo debuterade med Comme des Garçons i Paris i början av 1980-talet.

Konst är en av många källor som används av modet. I en bransch som lider av kronisk nyhetshunger är de kreativa parasiterna regel snarare än undantag. Men konsten har ändå en särskild plats i modeskaparnas hjärtan. *Art/fash*, som fenomenet ibland kallades när det uppmärksammades på 1990-talet, är något alldeles särskilt.

Mellan modet och konsten är förstås inte inspirationen alltid ömsesidig. Ett av de mer berömda exemplen är Stephen Sprouses och Takashi Murakamis gästdesign på vår tids kanske mest genomkommersialiserade accessoar, Louis Vuit-

> "Det finns många skillnader mellan konst och mode. Mode existerar inom vissa begränsningar, till exempel benstomme, muskelrörelser och funktion. Det är en begränsad och rigid konstform." [...] "Men den viktigaste skillnaden mellan mode och andra konstformer är att människor kan ha kläder på sig som egna uttryck för modet. Det leder till ett resultat som inga andra konstformer har." —Jun Takahashi

ton-väskan. Konsten har också agerat frizon för klädföretag som blivit alltför kommersiellt korrumperade, och hamnat i det miljondollartillstånd där varje beslut måste silas genom ett marknadsmässigt filter. Som Wall Street-skräddaren Giorgio Armanis uppenbara köp av en självbetitlad utställning på Guggenheim-museet i New York för fyra år sedan.

Det händer också att mode och konst möts i en win-win-situation, för att prata näringslivsslang, och att den profit som genererats av ett framgångsrikt modemaskineri har kommit konsten till fromma. Benetton försörjde den excentriske fotografen Olivier Toscani och gav honom världsomspännande mediatäckning under så gott som hela 1990-talet, en minst sagt omaka liaison som kom att bli omvälvande för reklamfotot som genre. Karl Lagerfeld har konstgalleri i Paris, Prada driver moderna konsthallen Fondazione Prada i Milano och Max Mara, ett av Italiens rikaste familjeföretag, har en enorm samling av såväl modern konst som renässanskonst.

Mecenatförhållandet mellan modet och konsten fungerar förstås på sätt och vis i omvänd riktning. För idédrivna designer som Martin Margiela, Bless, Viktor & Rolf och Hussein Chalayan är konstfolket en viktig publik.

Något annorlunda är win-win-relationen mellan Vivienne Westwood och hennes musa, konststjärnan Tracey Emin. Medan Westwood, som falnade i betydelse som modeskapare under 1990-talet, suger den samtidskänsla ur Emin som hennes konstnärskap står för – så bjuder också Westwood en plattform åt Emin, genom att använda henne som modell i sina reklamkampanjer ger hon henne en modehistorisk tyngd. Alexander McQueen har i sin tur lånat såväl från sekelskiftets Arts and Crafts-rörelse som från den makabra fotokonstnären Joel-Peter Witkin. Senast i visningen för vårkollektionen 2001, *Voss*, iscensatte han en otäckare Witkin-bild som klimax. När utställningen *Addressing the Century – 100 Years of Art and Fashion* pågick på Hayward Gallery i London 1998, sa McQueen[1] apropå sin nära relation med Britpack-konstnärer som bröderna Chapman, Sam Taylor-Wood och Damien Hirst, att de alla "andas samma luft": "I'm not a big fan of art galleries or of abstract art. It's more about our generation and the way we perceive London."

Exemplen på sponsring, renommésnyltning och crossoververk över gränserna mellan konst och mode är många. Men inget av dem har varit av intresse för *Fashination* som utställning. "Vi ska visa mode som mode, och inte som konst", sa vi i våra samtal med modeskaparna. För att vi inte tänkte upprepa andras misstag. För att vi inte ville visa modeskaparen som pseudokonstnär. Utan som modeskapare. Vi ville visa det samtida modets konstnärliga kraft, och den fascination som den väcker – i sig självt.

De modeskapare som ställer ut i *Fashination* är inga pseudokonstnärer, utan modeskapare i modern mening. Under 1990-talet ledde flera av dem den stora demonteringen av modets *ancien regime*, den som definierade mode som begrepp under större delen av förra seklet. Medan konstbegreppet under de senaste decennierna har vidgats till att omfatta fler medier än någonsin förut, har en motsvarande expansion skett inom modet. "Contemporary art" har sin motsvarighet i vad som kallats för "contemporary fashion", och som blev ett faktum först under 90-talet. Caroline Evans, historielärare och forskare på mode- och designakademin Central Saint Martins i London, använder begreppet i sin bok *Fashion at the Edge* (Yale University Press, 2003). Den tog flera år för Caroline Evans att skriva, och blev en av de mest relevanta analyserna av det samtida modet:

"From 'heroin chic' to Alexander McQueen, the distressed body of much 1990s fashion exhibited the symtoms of trauma, the fashion show mutated into performance and a new kind of conceptual fashion designer evolved. These are just three examples of fashion 'at the edge', fashion which exists at its own margins. While becoming more vivid in its presentation,

Fashion as fashion

"Cross-fertilisation, mutual inspiration."

That is how Maison Martin Margiela responds when asked its view of the theme of *Fashination*: the relationship between fashion and art. A not entirely unexpected answer from the fashion house that has attracted the greatest admiration from the art scene since Rei Kawakubu's debut with Comme des Garçons in Paris in the early 1980s.

Art is one of the many sources of inspiration for fashion. In a business that suffers from a chronic craving for novelty, creative parasites are the rule rather than the exception. Nevertheless, art holds a special place in the hearts of fashion designers. *Art/fash*, as the phenomenon was occasionally called when it was identified in the 1990s, is something very specific.

Of course, art and fashion are not always mutually inspirational. One of the more famous examples is Stephen Sprouse's and Takashi Murakami's guest design of perhaps the most thoroughly commercialised accessory of our time, the Louis Vuitton handbag. Art has also served as a refuge for clothing companies that have been too commercially corrupted and ended up in the million-dollar predicament where every decision has to pass through a commercial filter. As when Wall Street tailor Giorgio Armani blatantly purchased an exhibition with his own name at the Guggenheim in New York four years ago.

Occasionally, fashion and art meet in a win-win situation, to use business-speak, and the profit that has been generated by a successful fashion enterprise is used to benefit art. Benetton supported the eccentric photographer Olivier Toscani, and gave him worldwide media exposure almost throughout the 1990s; an unmatched liaison, to say the least, which revolutionised commercial photography as a genre. Karl Lagerfeld has an art gallery in Paris, Prada runs the modern art gallery Fondazione Prada in Milan, and Max Mara, one of the richest family enterprises in Italy, has an enormous collection of both contemporary and renaissance art.

The patronage relationship between art and fashion obviously also works in the reverse direction. For designers like Martin Margiela, Bless, Viktor & Rolf and Hussein Chalayan, who are driven by ideas, the art scene is an essential audience.

Between Vivienne Westwood and her muse, the art starlet Tracey Emin, the win-win situation is slightly different. While Westwood, whose importance as a fashion designer dwindled in the 1990s, feeds on the contemporary spirit that Emin and her art represent – she also provides a platform for Emin. By using her as a model in her advertising campaigns, she gives her fashion-history cred. Similarly, Alexander McQueen borrows elements from the Arts and Crafts movement of the turn of the last century, and from the macabre art photographer Joel-Peter Witkin. Most recently, in his spring collection show in 2001, *Voss*, he staged one of Witkin's more gross images as a climax. When the exhibition *Addressing the Century – 100 Years of Art and Fashion* was on at the Hayward Gallery in London in 1998, McQueen commented, apropos his close relationship to Brit-pack artists such as the Chapman brothers, Sam Taylor-Wood and Damien Hirst, that they all "breathe the same air": "I'm not a big fan of art galleries or of abstract art. It's more about our generation and the way we perceive London."[1]

There are countless instances of sponsorship, reputation-sponging and mutations that cross the boundary between art and fashion. But none of these have been of interest to *Fashination* as an exhibition. "We want to show fashion as fashion, not as art," we said in our discussions with fashion designers. Because we weren't going to repeat the mistakes of others. Because we didn't want to show fashion designers as pseudo-artists. But as fashion designers. We wanted to show the artistic power of contemporary fashion, and the fascination it arouses – in its own right.

"There are many differences between art and fashion. Fashion exists under certain limitations, such as bone structure, muscle movement and function. It is a restricted and rigid art form." [...] "However, the most significant difference between fashion and other art forms is that people can wear clothing as their expression of fashion. This leads to a result that other art forms cannot generate." —Jun Takahashi

The fashion designers shown in *Fashination* are no pseudo-artists, but fashion designers in the modern sense. In the 1990s, several of them were at the forefront of the great toppling of the *ancien regime*, which had defined the fashion concept for most of the previous century. As the concept of art has been extended over the past decades to embrace more media than ever before, a corresponding expansion has taken place in fashion. 'Contemporary art' is matched by what is called 'contemporary fashion', which did not emerge until the 1990s. Caroline Evans, history teacher and researcher at Central Saint Martins in London, uses the concept in her book *Fashion at the Edge* (Yale University Press, 2003). This took her several years to write, and it has become one of the most poignant analyses of contemporary fashion:

"From 'heroin chic' to Alexander McQueen, the distressed body of much 1990s fashion exhibited the symptoms of trauma,

Alicia Framis, *anti_dog Collection.*
Beauty Beats Violence,
performance på/at
Palais de Tokyo, Paris, 2002

Maison Martin Margiela
Tailor's Dummy, Hösten/vintern:
Autumn/Winter 1997–98

many of its themes became correspondingly darker in the 1990s. Often permeated by death, disease and dereliction, its imagery articulated the anxieties as well as the pleasures of identity, alienation and loss against the backdrop of rapid social, economic and technological change at the end of the twentieth century... We speak of 'edgy' fashion to suggest fashion that is sharp, urban, knowing, experimental, unsentimental...The fashion design discussed here was at the edge commercially, of the big global brands and of mass production. Its themes were on the edge too, at the borders of beauty and horror, where sex and death intersected with commerce. Conceptually as well as stylistically experimental, this strand of fashion design addressed contemporary anxieties and speculations about the body and identity."

De centrala namnen i denna konceptuella och stilistiskt experimentella remsa av 90-talsmodet är Martin Margiela, Viktor & Rolf, Hussein Chalayan och Alexander McQueen. De är sins emellan helt olika modeskapare som kommit att omformulera fundamentala begrepp som lyx, säsonger, trender, kvinnlighet, skönhet, sexighet. De övergav de traditionella visningshallarna för mer urbana miljöer, och gjorde visningar som mest liknade performancekonst. De förenades av en bildkultur som föddes någon helt annanstans än i modets *ancien regime*: det Paris- och Milano-fixerade, strängt hierarkiska modeetablissemang vars estetik dikterades till lika delar av *Vogue*, *Elle* och geniförklarade modeskapare. Deras visuella språk bottnade istället i postpunkens och klubberans London, modeakademierna i Antwerpen, Tokyo och Amsterdam, i pionjärtidningar som *i-D*, *The Face*, *Dutch* och *Dazed & Confused*. Samma luft, som Alexander McQueen uttryckte saken. Och samma tidningar.

"...the metropolitan body that was on display in 1980s London was both informed and defined by the street, mediated by the new fashion magazines", skriver Caroline Evans, "these magazines reconfigured the cultural geography of the street through a reportage style of fashion journalism that relied as much on coverage of street- and club-led innovation as on traditional fashion editorial coverage."

Det smak- och stilmonopol som upprätthållits med gemensamma krafter av Paris och damtidningsbranschen under hela 1900-talet var snart brutet, när 1980-talet övergick i 90-tal. Fotografen Corinne Days diskbänksrealistiska reportage "Underexposure", där den då okonventionella skönheten Kate Moss plåtades i en sliten London-lägenhet, publicerades i brittiska *Vogue* redan 1993. Inez van Laamsverdes och Viktor & Rolfs helsvarta bildprojekt "Missy", den kusliga, photoshop-morfade förlagan till Viktor & Rolfs kollektion *Black Hole* (hösten/vintern 2001–02), visades för första gången i tyska *Vogue* 1997. När Alexander McQueen gästspelade som modechef för *Dazed & Confuseds* septembernummer 1998 och visade Nick Knights berömda reportage "Access-Able" med vackert ljussatta bilder på stympade och handikappade modeller – bland andra den benamputerade OS-atleten Aimee Mullens (senare återanvänd av Matthew Barney i *Cremaster Cycle*) – var det bara kulmen på den visuella revolt som påbörjats av The Face-fotografer som Corinne Day och Wolfgang Tillmans under tidigt 1990-tal.

Trots att 1990-talet var en period när modet stod i frontlinjen, verkar dess värde fortfarande vara öppet för diskussion i somliga akademiska skrymslen. "Art is permanency and fashion is all about the moment. Perhaps the art world's fascination with fashion is a recognition of fashion's ability to address everyday influence instead of the obsession with the heroics of creating history", lyder ett citat som återgivits i Nathalie Khans essä "Catwalk Politics" (*Fashion Cultures*, red Bruzzi och Gibson, 2000). Nathalie Khan resonerar vidare att modet är konstruerat på ett sådant sätt som gör att det kan återspegla, men inte förnya samhället. Därför, menar Nathalie Khan, är modet "destined by design to be ephemeral. The fashion show is an important event, during which nothing is said – at least nothing of substance."

Det är annars en ovanlig ståndpunkt numera, även i de mest förstockade sammanhang. Ryktet om modets flyktighet är dessutom överdrivet. Modets tyngsta makthavare – lyxprylhusen Prada, Gucci och Louis Vuitton – har byggt sina respektive miljardkonglomerat på försäljning av samma väskor och skor och grunkor som de tillverkat i över hundra år. Inom konsten respektive modet finns dessutom radikala motrörelser sedan länge, på tvärs mot gamla sanningar. Fashination-deltagaren Alicia Framis är en av många konstnärer som ifrågasätter det eviga värdet hos skulpturer och målningar, och gör konstverk med extremt kort livslängd. Hennes performance-verk *Walking Monument* utspelade

sig under en enda minut på Dam Square i Amsterdam 1998, och dokumenterades inte på annat sätt än i minnet hos dem som var med. Maison Martin Margiela är i det avseendet en tvillingsjäl till Alicia Framis, men på andra sidan genrestaketet – en envis omprövare av gamla sanningar, bland annat den om modets påstådda flyktighet.

Martin Margielas debut räknas idag till ett av modehistoriens största ögonblick, 1980-talets viktigaste vid sidan om Rei Kawakubos och Yohji Yamamotos debut i Paris några år tidigare. Det var 1985 som Antwerp Six, sju belgiska designer som tillsammans ställde ut på Londons modevecka, slog modevärlden med häpnad. Av de sju ursprungsmedlemmarna var det främst de tre konceptuella skräddarna – Martin Margiela, Ann Demeulemeester och Dries Van Noten – som med åren skulle skapa ett nytt etablissemang vid sidan om det gamla. Idag är stadsnamnet Antwerpen en garantistämpel för modern kläd-

> "Konst är den plats där allt kan hända, en öppen plats där fantasin inte har några gränser. Modet har en gräns: kroppen... I många år var konst relaterat till målningar, skulpturer, möbler. Men idag kan konst vara foto, videor, installationer, idéer. På det sättet har modet tagit sig in i konstens värld." —Anne Valérie Hash

design. Det 60-tal, grovt räknat, modedesigner som nu är verksamma i staden utgör den stilmässigt tyngsta maktfaktorn internationellt sett, och dess akademi är den skola som förser modescenen i Paris med överlägset flest nya talanger.

Martin Margiela är den enda i Antwerp Six som lämnade stan för att grunda sitt modehus i Paris 1988. Sedan dess har hans Maison systematiskt tillämpat ett meta-perspektiv på modeskapandet som system, process och hantverk. När modehuset begick Paris-debut i oktober 1988 hade Margiela just avslutat en treårig anställning som assistent till Jean Paul Gaultier, men

deras egen minnesbild vittnar om en attityd som är närmare släkt med den samtida undergroundscenen och gatan än med Gaultier:

"Situated on the 3rd floor, its three rooms and all contents are entirely painted in white with each piece of furniture covered in white cotton. A telegram is sent inviting people to attend 'Cafe de la Gare', an old theatre with wooden benches.

The women wearing the collection stand down from the podium to join the crowd. Records of hard rock music alternate with softer 1970s rock. Hair is loosely brushed forward, eyes blackened and lips were red. A line imitating a stocking seam is drawn in pencil on the back of back legs. Collection: only one silhouette, to the ankle, very narrow, with cropped shoulders. The form is very constructed by way of many darts. Japanese workmen's shoes are mounted on thick round heels.

There are three groups of colour: Degrees of white worn against the skin. The sleeves of a sweater or shirt are worn alone, skirts and trousers have knees moulded by darts. Suntan marks are visible on the skin. Degrees of red are combined. Faces are veiled in bright coloured cotton. The models footprints mark the white cotton runway with red paint. Black and transparent garments are printed with tattoo motifs. As a finale to the show all of the models come out wearing 'Haute Couture' work coats."[2]

De vitmålade möblerna och väggarna, arbetsrockarna, skrädderireferenserna och "Tabi"-skorna med japanska klövsockor som förlaga – många av de idéer som fortfarande utmärker Maison Martin Margiela var där redan från början. Där fanns den oppositionella attityden: de okonventionella modellerna och visningslokalerna, bruket av en vit nummerlapp istället för logga, emfasen på Martin Margiela som kollektiv snarare än på designern som individuell stjärna. Också där i de första kollektionerna var Margielas stora ledmotiv: kombinationen av dekonstruktiva arbetsmetoder och lågstatusmaterial som second hand- och militära överskottsplagg.

Medan Maison Martin Margiela självt har nämnt deras "Artisanal production" med omarbetningar av vintageplagg som ett av sina viktigaste teman[3], så framstår fundamentet i deras oeuvre som ett handgripligt ifrågasättande av inrotade föreställningar om säsonger, trender, klass, status, plagglogik och coutureteknik. Från 1993 års handsydda tröja av arméstrumpor till screentryckta

Anne Valérie Hash
Up Side On, 2004

the fashion show mutated into performance and a new kind of conceptual fashion designer evolved. These are just three examples of fashion 'at the edge', fashion which exists at its own margins. While becoming more vivid in its presentation, many of its themes became correspondingly darker in the 1990s. Often permeated by death, disease and dereliction, its imagery articulated the anxieties as well as the pleasures of identity, alienation and loss against the backdrop of rapid social, economic and technological change at the end of the twentieth century... We speak of 'edgy' fashion to suggest fashion that is sharp, urban, knowing, experimental, unsentimental... The fashion design discussed here was at the edge commercially, of the big global brands and of mass production. Its themes were on the edge too, at the borders of beauty and horror, where sex and death intersected with commerce. Conceptually as well as stylistically experimental, this strand of fashion design addressed contemporary anxieties and speculations about the body and identity."

The most prominent names linked with this conceptual and stylistic experimental strain of 1990s fashion were Martin Margiela, Viktor & Rolf, Hussein Chalayan and Alexander McQueen. These disparate designers have reformulated fundamental concepts such as luxury, seasons, femininity, beauty, and sexiness. They abandoned the traditional showrooms in favour of more urban settings, and put on shows that most resembled performances. The common denominator was an imagery that was engendered by anything but the *ancien regime* of fashion, that Paris and Milan-fixated, strictly hierarchical fashion establishment, whose aesthetics were dictated equally by *Vogue*, *Elle* and designers who were declared geniuses. Instead, they based their visual language on the London of the post-punk and clubbing era, the fashion academies in Antwerp, Tokyo and Amsterdam, the pioneering magazines *i-D*, *The Face*, *Dutch* and *Dazed & Confused*. The same air, as Alexander McQueen put it. And the same magazines.

"...the metropolitan body that was on display in 1980s London was both informed and defined by the street, mediated by the new fashion magazines," writes Caroline Evans, and continues, "These magazines reconfigured the cultural geography of the street through a reportage style of fashion journalism that relied as much on coverage of street- and club-led innovation as on traditional fashion editorial coverage."

The taste and style monopoly that had been maintained jointly by Paris and the women's magazine industry almost throughout the 20th century, began to crumble as the '80s became the '90s. The photographer Corinne Day's kitchen sink reportage "Underexposure", which portrayed the then unconventional beauty Kate Moss in a squalid London flat, was published in British *Vogue* already in 1993. Inez van Laamsverde's and Victor & Rolf's all-black project "Missy", the eerie Photoshop-morphed precursor to Viktor & Rolf's *Black Hole collection* (autumn/winter 2001–02), was first presented in German *Vogue* in 1997. When Alexander McQueen was guest fashion editor for the September 1998 issue of *Dazed & Confused* and featured Nick Knight's famous reportage "Access-Able", with delectably lighted photos of maimed and handicapped models – including the legless Olympic athlete Aimee Mullens (later recycled by Matthew Barney in his *Cremaster Cycle*) – this was just the tip of a visual revolution that had been started by *Face* photographers such as Corinne Day and Wolfgang Tillmans in the early 1990s.

Although the 1990s were a period when fashion was on the frontline, its value still seemed to be open to discussion in some nooks of academia. "Art is permanency and fashion is all about the moment. Perhaps the art world's fascination with fashion is a recognition of fashion's ability to address everyday influence instead of the obsession with the heroics of creating

"Art is a place where anything can happen, an open place where the imagination has no boundaries. Fashion has one boundary: the body… For many years, art was restricted to paintings, sculptures, furniture. But today, it can be photography, video, installations, ideas. In that sense, fashion has broken into the world of art." —Anne Valérie Hash

history," runs one quote reproduced in Nathalie Khan's essay "Catwalk Politics" (*Fashion Cultures*, eds. Bruzzi and Gibson, 2000). Nathalie Khan goes on to argue that fashion is constructed in such a way that it can reflect, but not regenerate, society. Therefore, Khan concludes, fashion is "destined by design to be ephemeral. The fashion show is an important event, during which nothing is said – at least nothing of substance."

This, however, is an unusual standpoint nowadays, even in the most conservative circles. Moreover, the rumours of the ephemerality of fashion are exaggerated. The most powerful rulers of fashion – the luxury accessory houses Prada, Gucci and Louis Vuitton – have each built their multi-billion conglomerates on selling the same bags, shoes and accessories as they have been making for more than a century. Both art and fashion, moreover, have both long had their own radical countermovements that repudiate the old truths. Alicia Framis, who is featured by *Fashination*, is one of many artists who question the eternal value of sculptures and paintings, and who makes works of art with an extremely short lifespan. Her performance work *Walking Monument* lasted a single minute in Dam Square, Amsterdam, in 1998, and was not documented in any way, apart from in the memory of those who were there. In that sense, Maison Martin Margiela is a kindred spirit to Alicia Framis, albeit on the other side of the gender fence – a stubborn re-assessor of old truths, including the one about fashion being ephemeral.

Today, Martin Margiela's debut is counted among the great moments in the history of fashion, and the most important moment of the 1980s, alongside Rei Kawakubo and Yohji Yamamoto's debut in Paris a few years earlier. It was in 1985 that the Antwerp Six, seven Belgian designers who participated jointly in the London Fashion Week, made their astonishing entrance. Of the original seven members, three – Martin Margiela, Ann Demeulemeester and Dries Van Noten – were the main conceptual tailors, and they would eventually create a new establishment alongside the old one. Nowadays, the city of Antwerp is a hallmark of modern couture. Internationally, the 60 or so fashion designers now based in Antwerp constitute the strongest influence on style, and its academy provides the Paris fashion scene with far more budding talents than any other.

Martin Margiela is the only member of the Antwerp Six who has left the city, to found his own fashion house in Paris in 1988. Since then, his Maison has systematically applied a meta-perspective on fashion design as a system, process and craft. Before making his own Paris debut in October 1988, Margiela had just ended a three-year assignment as assistant to Jean Paul Gaultier, but their own recollections reveal an attitude that was more closely related to the contemporary underground scene than to Gaultier:

"Situated on the 3rd floor, its three rooms and all contents are entirely painted in white with each piece of furniture covered in white cotton. A telegram is sent inviting people to attend

foton av vintagekläder på nya plagg (våren/sommaren 1996), haute couture-prototyper i grovt kläde som moderna jackor (våren/sommaren 1997, hösten/vintern 1997–98) och det tidiga 2000-talets överdimensionerade kollektioner till den väst av uppskurna skinnhattar som ingår i höstkollektionen 2004.

Maison Martin Margiela har länge setts som synonym med dekonstruktionsmodet, eller "La Mode Destroy" som bildade skola redan med några av Rei Kawakubos kollektioner från 1980-talets början där hon utforskade plaggens inre logik, och försåg en kjol med ärmar eller förvandlade en byxa till en jacka. Men även om ordet "dekonstruktion" har missbrukats, som Caroline Evans poängterar i "Fashion at the Edge", för att beskriva 90-talstrenden med återanvända material, fransiga fållar och uppslitna sömmar så har termen i dess ursprungliga betydelse varit avgörande för den yngre modegenerationen – varav *Fashination*-deltagarna Anne Valérie Hash (Frankrike) och Jun Taka-

> "Vi har aldrig funderat på något annat medium, inte ens i början. Mode har en sådan energi, där finns ett överflöd av aspekter och en ständig förändring, så mycket som gör det levande. Du kan skruva det (mode) åt vilket håll du vill. Vi har arbetat med många andra medier, foto och video, men det har alltid handlat om mode." (Viktor) —Viktor & Rolf

hashi (Japan) är två av de mest framstående och egenartade. På samma sätt som klänningsmakaren Madeleine Vionnet använde små dockor som modeller till sina Antiken-draperade kreationer på 1920- och 30-talen, modellerar Anne Valérie Hash sina prototyper på en levande docka – flickmusan Lou. Hon tråcklar ihop sina kreationer först på Lous bröst- och höftlösa figur, för att sedan låta skräddarna i ateljén översätta plaggen till vuxenstorlek. Huset Hash omvandlar herrvintageplagg till modernt dammode, leker med plaggkonstruktioner och könskonventioner i sina kollektioner – men det är det märkliga barnet Lou som spelar huvudrollen. "Bilderna på Lou är mina första skisser... (Lou) är modehusets hemlighet", har Anne Valérie Hash sagt.[4]

Från en helt annan infallsvinkel kommer Jun Takahashi, som i början av 1990-talet drev t-shirt-märket Nowhere tillsammans med vännen och A Bathing Ape-designern Nigo i Tokyo. Sedan dess har hans frihetliga modeideologi – en korsning av Rei Kawakubos dekonstruktionslära, eklektisk mixa-och-matcha-teknik och den alldeles egna, överlastade signatursilhuetten – gjort honom till Japans mest firade unga modeskapare, med 17 butiker där hans sex olika klädlinjer säljs. Först hösten 2002 debuterade dammodemärket UnderCover i Paris med den politiska kollektionen *Scabs* där Jun Takahashi sökte ett universellt antikrigs-budskap via afghanska dräkter, neonfärgade burkhor och skotska kiltar. De tre kollektioner som följt har varit lika strängt idédrivna – vare sig han haft klippdockor, tvillingar eller luffare som ledmotiv.

Nära släkt med Margiela är också den tysk-österrikiska designduon Bless (Desirée Heiss och Ines Kaag), som har beskrivit sitt arbete som "designreflektioner i generell mening. Det kan beröra mode, accessoarer, industriella områden, konst, foto, mat...allt möjligt"[5]. Bless säger även att de bara utgår från sina personliga behov i sin design, den väg som de väljer för sina kreationer och den respons som de får. Därför kan de lika gärna göra peruker av kaninpäls som sedan inkorporeras i Maison Martin Margielas visning för hösten 1997, eller verk som

Bless No 09, en fotoserie med broderade krukväxter för ett bokprojekt, och *Bless No 15* där de tryckte sina porträtt på sweatshirts, som ett svar på branschens krav på stjärnstatus. För hösten 2004 reflekterar Bless över en sedvänja som de funnit i Tanzania, där särskilda snickare gör trompe l'oeuil-versioner i svart, gummiartat trä av statusobjekt – mobiltelefoner och klockor, exempelvis – för döda människor, att följa med i graven. I den senaste kollektionen ingår följaktligen avskurna skjortärmar, Bless-accessoarer och klockor som snidats till trompe l'oeuil-versioner av samma tanzaniska begravningssnickare: falska, och vackra statusobjekt.

Även holländarna Viktor Horsting och Rolf Snoeren, nära vänner till Bless, jämfördes med Margiela när de dök upp på scenen. I en *Purple Magazine*-intervju från Viktor & Rolfs andra verksamhetsår 1994 frågade redaktören Elein Fleiss vad som skilde dem från den samtida Antwerpen-rörelsen. Viktor & Rolf svarade: "Vi kände behovet att säga något om kläders essens, antingen genom att analysera själva plagget eller dess betydelse. Belgarna och särskilt Martin Margiela använder redan existerande plagg som en utgångspunkt, för att sedan deformera dem. Vi letar huvudsakligen efter nya former. Margiela visar tydligt en djup kärlek till plaggets själva essens. På grund av detta, och på grund av hans konceptuella vision, känner vi oss besläktade med honom. Däremot kan vi inte relatera till hans silhuetter och atmosfär. Hans arbete visar på en otrolig frihet och avspändhet som är väldigt tilltalande, medan vår är mer framtvingad och distanserad. Martin Margiela vill klä kvinnan. För oss är plagget viktigare än bäraren." Mycket har hänt efter det.

Nyligen firade Viktor & Rolf sitt tioårsjubileum som modeskapare med en retrospektiv på Musée de la Mode i Paris. Utställningen beskrev deras väg från den tidpunkt då de var för fattiga för att göra en catwalkvisning och istället gjorde en miniatyrinstallation på Torch Gallery i Amsterdam, till tillvaron som kämpande haute couture-designer i Paris och slutligen, hyllade modeskapare. Det futuristiska manifestet från Purple-intervjun var snart glömt till förmån för ballongsvullna silhuetter, volang- och blomstercancer, lagerpålager-kragar och coutureexperiment – och för konceptuella visningar. Som *Bells* (hösten/vintern 2000–01) där "aurala broderier", broderier av tusentals minibjällror som hördes i visningsmörkret innan de syntes, och som *Bluescreen* (hösten/vintern 2002–03) där huvudmaterialet var blå bakgrundsduk för film, Chromaki, som gjorde modellerna till levande, tredimensionella filmdukar när scener med gröna landskap, stadsgator och fågelflockar projicerades på dem. Eller som *Russian Doll* (hösten/vintern 1999–00) där Viktor & Rolf egenhändigt ritualklädde modellen Maggie Rizer i sju lager jutevävsplagg med swarovskikristaller, till en överdimensionerad, spöklik babuschka.

Viktor & Rolfs prêt-à-porter-karriär har just tagit fart, men den största förnyelsen har de stått för som designer av haute couture, den traditionstyngda klädkonstgenre där de grundade sin karriär. De har kallat haute couture för "modets mest sublima form, ett fält att experimentera på och ett laboratorium för idéer"[6]. När de tog sitt första avsteg från haute couture-banan med den första säljbara kollektionen *Stars and Stripes* – med stjärnbaneret och amerikansk sportswear som symboliska motiv för deras kapitalistiska vägval – hösten/vintern 2000-01, lämnade de också tanken om plagget som viktigare än bäraren därhän.

Det ställningstagandet måste varje haute couture-designer göra; att formen får överskugga funktionen hör ju till sakens natur. I gengäld är det en gränslösare genre än dess massindustriella, moderna kusin prêt-à-porter. Det var därför som franske skomakaren Benoît Méléard gjorde fem osannolika skokollektioner mellan våren/sommaren 1999 och våren/sommaren 2002: Steve Nicks-hyllningen *Cruel*, med elliptisk form och råa klackskruvar, de boxiga, klacklösa små husen till skor

'Cafe de la Gare', an old theatre with wooden benches.

"The women wearing the collection stand down from the podium to join the crowd. Records of hard rock music alternate with softer 1970s rock. Hair is loosely brushed forward, eyes blackened and lips were red. A line imitating a stocking seam is drawn in pencil on the back of black legs. Collection: only one silhouette, to the ankle, very narrow, with cropped shoulders. The form is very constructed by way of many darts. Japanese workmen's shoes are mounted on thick round heels.

"There are three groups of colour: Degrees of white worn against the skin. The sleeves of a sweater or shirt are worn alone, skirts and trousers have knees moulded by darts. Suntan marks are visible on the skin. Degrees of red are combined. Faces are veiled in bright coloured cotton. The models footprints mark the white cotton runway with red paint. Black and transparent garments are printed with tattoo motifs. As a finale to the show all of the models come out wearing 'Haute Couture' work coats."[2]

The white-painted furniture and walls, the overalls, the references to tailoring and the 'Tabi' shoes modelled on Japanese toe-socks – traits that are still typical of Maison Margiela – were there from day one. The oppositional stance was also there: the unconventional models and venues, the use of a white, numbered ticket instead of a logo, the emphasis on Martin Margiela as a collective rather than on the designer as an individual star. Another feature of the first collections was Margiela's great leitmotif: the combination of deconstructive methods and low-status materials, such as second-hand clothes and army surplus.

While Maison Martin Margiela have claimed that their "Artisanal production" with remodelled vintage clothing is one of their most important themes,[3] the basis of their oeuvre appears to be a hands-on revaluation of deep-rooted conceptions such as seasons, trends, class, status, garment logic and couture techniques. From the hand-sewn jumpers made of army socks in 1993, the photos of vintage clothes screen-printed onto new clothes (spring/summer 1996), haute couture prototypes for modern jackets in coarse fabrics (spring/summer and autumn/winter 1997–98), the over-sized collections of the early 2000s, to the waistcoat made of cut-up fur hats in the autumn/winter 2004–05 collection.

Maison Martin Margiela has long been synonymous with the deconstructive fashion, or "La Mode Destroy", that was launched with Rei Kawakubo's early 1980s collections, in which she examined the inherent logic of various items of clothing, adding sleeves to a skirt or transforming a pair of trousers into a jacket. But even if the word 'deconstruction' has been abused, as Caroline Evans points out in *Fashion at the Edge*, as a misnomer for recycled materials, frayed hemlines and split seams, the concept has been seminal for the younger fashion generation – of whom two of the most prominent and idiosyncratic exponents, Anne Valérie Hash (France) and Jun Takahashi (Japan), are represented in *Fashination*. Just as the dressmaker Madeleine Bionnet used little dolls as models for her classically draped creations in the 1920s and '30s, Anne Valérie Hash models her prototypes on a living doll – the girl-muse Lou. She starts by stitching her creations on Lou's breastless and hipless figure, and then lets the tailors in her studio translate them into adult sizes. Maison Hash transforms men's vintage clothes into contemporary women's fashion, plays with clothing patterns and sexual conventions in its collections – but it is the remarkable child Lou who plays the lead role. "The pictures of Lou are my first sketches… [Lou] is the secret of the Maison," Anne Valérie Hash has said.[4]

Coming from a completely different angle was Jun Takahashi with his T-shirt label Nowhere in the early 1990s, which he ran together with his friend, the A Bathing Ape designer

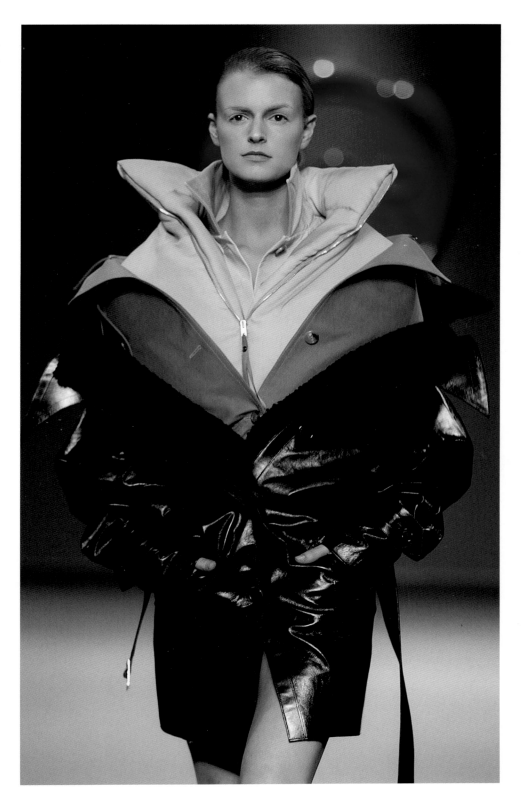

Viktor & Rolf, *One Woman Show*
Hösten/vintern:
Autumn/Winter 2003–04

Nigo, in Tokyo. Since then, his liberationist fashion ideology – a cross between Rei Kawakubo's deconstructive teachings, an eclectic mix-and-match technique and his very own over-the-top signature silhouette – has made him Japan's most celebrated young designer, with 17 shops selling six different fashion lines. This was before the autumn/winter 2002 season, when he launched the women's label UnderCover in Paris with the political collection *Scabs*, which aimed at a universal anti-war message with its Afghan styles, neon-coloured burqas and Scottish kilts. The three subsequent collections have been just as powerfully idea-based – regardless of whether he has taken cut-out dolls, twins or tramps as his main theme.

Others closely related to Margiela are the German-Austrian design duo Bless (Desirée Heiss and Ines Kaag), who describe their work as "design reflections in a general sense. This can relate to fashion, accessories, industrial fields, art, photography,

i *Tip-Toe*, den klotrunda Leigh Bowery-kollektionen *0*, den pyramidala *Mue* och *Copyright* med en parafras på Nike-vingen. Benoit är ett barn av Beth Levine, den amerikanska designern som utforskade skon som idé. Till skillnad från Levine blev Méléard inte rik på sina obärbara skulpturer till skor, men han gjorde sitt modebudskap hört. "We can change the volume forever and ever", som han själv uttrycker det.

Benoit Méléards kombination av anarkistisk attityd och surrealistisk couture gör honom egentligen till en skoformgivningens Alexander McQueen. Det är hursomhelst ingen slump att just McQueen engagerade Méléard för att göra skodonen till den mest självbiografiska och mest ångestridna av McQueens visningar, *Voss* för våren/sommaren 2001. McQueen, som vid tiden betraktade sitt uppdrag som chefsdesigner på anrika modehuset Givenchy som ett fängelsestraff, lät sin ångest ta skepnad i ett akvarium av spegelglas. Antikvita modeller vacklade mellan väggarna medan modet pendlade mellan återhållna gester och paniska proportioner; ett miniatyrslott som en sjuklig utväxt på en annars proper satindräkt, strutsfjädrar i skulpturala kaskader, en flock av rovfåglar kring ett förtvivlat huvud. Klimax var en demonstration av Alexander McQueens inre monstrum, efter den tidigare nämnda Joel-Peter Witkin-bilden: glaset till akvariet krossades och blottade en fet kvinnolarv med huvudet inslaget i järn, naken på ett podium av lump, kopplad till taket med syreslangar av stål och omsvärmad av malfjärilar.

Lee "Alexander" McQueen var ett underverk redan som 27-åring med sin femte kollektion *Highland Rape* (hösten/vintern 1995–96), en catwalksaga om det brittiska ursinnet som en gång härjade det skotska höglandet: söndertrasade klanrutor och mossigt ylle mot strängt skräddade jackor och plagg som revs av modellkropparna ju längre visningen fortskred. Moderna referenser, dräkthistorisk sampling och utsökt Savile Row-skrädderi möttes i en vision som höjde sig över allt annat i det samtida modelandskapet – på en gång universell, poetisk och våldsam. Ögonvittnen från pressen svarade med att kalla McQueen för misogyn, eftersom titelns bildliga betydelse gick deras näsor förbi. Ungefär samtidigt (1996-09-22) citerades McQueen i *Sunday Telegraph Magazine*: "I like men to keep their distance from women. I like men to be stunned by an entrance." Historien skulle ge honom rätt tämligen omgående. I "Fashion at the Edge" skriver Caroline Evans:

"McQueen, like (Marquis de) Sade, was fascinated by a dialectical relationship between victim and aggressor, and the parade of women he created on the catwalk resembled Sade's aggressors rather than their victims...McQueens runway suggested a world without men, not because they were absent from it (they were not) but because it was a world in which gender was unsettled by women who were both hyperfeminine and yet in some respects terrifyingly male. In his collections of this period McQueen began to manifest a fascination with the dynamics of power, in particular with a dialectical relationship between predator and prey, between victim and aggressor."

McQueens förvandlade kvinnooffer framträdde som tydligast i *Jungle Out There*, som visades på London's Borough Market i februari 1997. Modellerna var stylade till monstruösa halvdjur med antilophorn som trängde ut från halsar, händer och axelpartier, tigeransikten och kristusgestalter som skymtade i råskuret skinn. Men kollektionens tema var Thomsons gasell. Hornen som trängde ut från McQueen-kvinnornas axlar tillhörde den allra mest sårbara och hjälplösa av Afrikas djur. "The whole show feeling was about the Thompson's Gazelle", sa McQueen, "It's a poor little critter – the markings are lovely, it's got these dark eyes, the white and black with the tan markings on the side, the horn – but it is the food chain of Africa. As soon as it's born it's dead...and that's how I see human life, in the same way."[7]

"Jag är modedesigner", har den nu avgångne Gucci Group-stra-

Alexander McQueen, *Scanners*
Hösten/vintern:
Autumn/Winter 2003–04

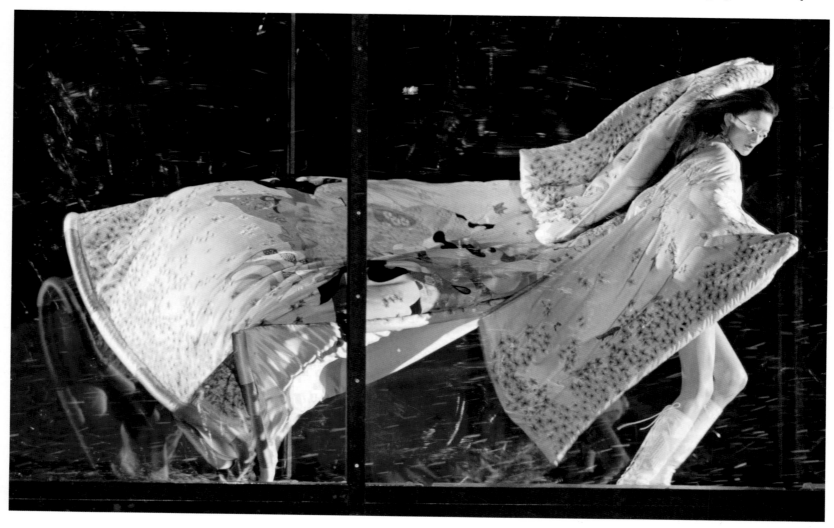

food… anything whatsoever."[5] Bless go so far as to say they only base their designs on their own personal needs, the road they choose to go down with their creations, and how they are received. Hence, they can just as easily make wigs out of rabbit fur, which are then incorporated in Maison Martin Margiela's autumn 1997 show, or works such as *Bless 09*, a series of photographs of embroidered potted plants for a book project, and *Bless No 15*, in which they printed their own portraits on sweatshirts in response to the industry's demand for star appeal. For the autumn 2004 season Bless reflects on a custom they came across in Tanzania, where specialised carpenters create replicas of status objects – for instance, mobile phones or watches – out of black, rubbery wood, to accompany dead people when they are buried. Thus, the latest collection includes cut-off shirtsleeves, Bless accessories and replica watches carved by these same Tanzanian funeral carpenters: fake, and beautiful, status objects.

The Dutch designers Viktor Horsting and Rolf Snoeren, close friends of Bless, were compared to Margiela when they appeared on the scene. In a *Purple Magazine* interview in 1994, Viktor & Rolf's second year in business, the editor Elein Fleiss asks what the difference is between them and the contemporary Antwerp movement. Viktor & Rolf reply, "We experienced a need to say something about the essence of clothes, either by analysing the clothing itself or its significance. The Belgians, and especially Martin Margiela, use existing clothes as a starting-point, and then deform it, whereas we look basically for new forms. Margiela clearly reveals a deep love for the very essence of the item of clothing itself. For that reason, and on account of his conceptual vision, we feel closely related to him. What we can't relate to, however, is his silhouettes and his atmosphere. His work displays an incredibly free and relaxed approach, which is very appealing, whereas ours is more forced and detached. Martin Margiela wants to dress women. For us, the clothes are more important than the wearer." A great deal has happened since then.

Viktor & Rolf recently celebrated their tenth anniversary as fashion designers with a retrospective at the Musée de la Mode in Paris. The exhibition described their progress from the time when they were too poor to do a catwalk show and had to make do with a miniature installation at Torch Gallery in Amsterdam, via their time as hard-working haute couture designers in Paris, and finally to being celebrated fashion designers. Their futurist manifesto in the *Purple* interview was soon forgotten, in favour of ballooning silhouettes, cancerous frills and blossoms, multi-layered collars and couture experiments – and conceptual shows. Such as *Bells* (autumn/winter 2000–01), with "aural embroidery", consisting of thousands of mini bells which could be heard in the darkness before they could be seen, and *Bluescreen* (autumn/winter 2002–03), where the main feature was the blue backdrop canvas for filming, Chromakey, which turned the models into living, three-dimensional film screens, as green landscapes, city streets and flocks of birds were projected onto them. Or, as in *Russian Doll* (autumn/winter 1999–00), where Viktor & Rolf themselves ritually dressed the model Maggie Rizer in seven layers of jute clothing with Swarovski crystals, making her into an enormous, ghostlike Babushka. Viktor & Rolf's prêt-à-porter career has just started, but their main innovations have been as designers of haute couture, the time-honoured fashion genre where they first made their reputation. They have called haute couture "the most sublime form of fashion, a field for experimentation and a laboratory for ideas."[6] When they took their first step away from the haute-couture stage, with their first saleable collection, *Stars and Stripes* – using the star-spangled banner and American sportswear as symbolic motifs for their capitalist change of direction – in autumn/winter 2000-01,

"We have never considered any other medium, not even in the beginning. Fashion is imbued with such energy, such an abundance of aspects and constant change, so much that gives it life. You can twist fashion in any direction you like. We've worked in many other media, photography and video, but ultimately it has been about fashion." (Viktor) —Viktor & Rolf

they also gave up the idea of clothes being more important than the wearer.

This is a choice that every designer of haute couture is faced with; that form is allowed to overshadow function is in the nature of things. In return, this genre is freer than its mass-produced modern cousin, prêt-à-porter. That is why the French shoemaker Benoît Méléard made five spectacular shoe collections between the springs of 1999 and 2002: the Steve Nicks homage *Cruel*, with elliptic shapes and exposed heel screws, the clunky, heel-less little houses he called *Tip-Toe*, the ball-shaped Leigh Bowery collection *O*, the pyramid-shaped *Mue*, and *Copyright* with its paraphrase of the Nike swoosh. Benoît is a disciple of the American designer Beth Levine, who explored the idea of the shoe. Unlike Levine, however, Méléard did not make a fortune from his unwearable shoe sculptures, but he did get publicity for his fashion message: "We can change the volume forever and ever," was how he put it.

Benoît Méléard's combination of anarchistic attitude and surrealist couture actually makes him the Alexander McQueen of shoe design. Be that as it may, it is no coincidence that McQueen commissioned Méléard to create the shoes for his most autobiographical and most angst-ridden shows, *Voss* in spring/summer 2001. McQueen, who at the time saw his job as head designer at the prestigious Maison Givenchy as a prison sentence, let his anxiety take the shape of an aquarium of reflective glass. Off-white models tottered between the walls while the clothes alternated between subdued gestures and panic proportions; a miniature castle like a diseased growth on an otherwise prim satin suit, ostrich feathers in sculptural cascades, birds of prey in a flock around a despairing head. The climax consisted of a demonstration of Alexander McQueen's inner monster, modelled on the photograph by Joel-Peter Witkin mentioned previously: the glass of the aquarium was smashed, revealing a fat female larva with her head encased in iron, naked on a podium of rags, connected to the ceiling by steel oxygen tubes and encircled by moths.

Lee 'Alexander' McQueen was a phenomenon at 27, when he launched his fifth collection, *Highland Rape* (autumn/winter 1995-96), a catwalk saga about the British fury that once terrorised the Scottish Highlands: tattered tartan and moss-like wool, against strictly tailored blazers, and clothes that were torn from the bodies of the models as the show progressed. Modern references, historical costumes and exquisite Savile Row tailoring were combined in a vision that rose above the contemporary fashion landscape – universal, poetic and violent at the same time. Eye-witness accounts in the press responded by calling McQueen misogynist, since the literal meaning of the title was lost on them. Around the same time (22 September, 1996) McQueen was quoted in *The Sunday Telegraph Magazine*: "I like men to keep their distance from women. I like men to be stunned by an entrance." History would prove him right almost immediately. In *Fashion at the Edge* Caroline Evans writes:

Hussein Chalayan
Kinship Journeys, Hösten/vintern:
Autumn/Winter 2003–04

"Jag tror att det finns plats för en sån här utställning. Det sätter mode i en kvalitetskontext...Det finns de som säger att man börjat ta mode mer på allvar, men tror du inte att de flesta skulle se konst som en mer betydelsefull samhällsfaktor? Modets flyktighet, och det faktum att det för det mesta inte ligger någon politisk tanke bakom, gör att det inte blir taget på allvar av allmänheten" –Hussein Chalayan

tegen Tom Ford sagt om sin rekrytering, "Alexander McQueen är konstnär." Ingen McQueen-analys kunde vara mindre träffsäker. McQueen, som fostrats både av Savile Row och coutureateljéerna i Paris, är bara den mest fulländade kreatör som modet kan erbjuda. Som ett av de nav kring vilket tongivande medier och konstnärer har kretsat, har McQueen dessutom varit en omvälvande kraft i en modern bildkultur där konventionella föreställningar om kvinnlighet, sexighet och skönhet lösts upp.

Det vore mer rättvist att kalla Hussein Chalayan för modevärldens konstnär. Flera av hans visningar kunde också flyttas från catwalken direkt in i performancerummet utan att något väsentligt gått förlorat. En av de mer uppmärksammade visningarna, med de krigsinspirerade, bärbara möblerna *Afterwords* (hösten/ vintern 2000–01) står inte långt från 1930-talets surrealistiska skrivbordsklänningar av Elsa Schiaparelli och Salvador Dalí. Inte heller står Chalayan långt från arkitekturteori, i sitt oupphörliga undersökande av den mänskliga kroppen och dess omgivning.

Chalayan är också besläktad med Margielas metamode. Liksom Margiela har han sökt radera den branschdefinierade individualismen genom att dölja sina modellers huvuden i ägg av trä (*Between*, våren/sommaren 1998) eller speglar (*Panoramic*, hösten/ vintern 1998–99). Hos Chalayan finns också en motsträvig melankoli över modets ständiga minnesförlust. I *Geotropics* (våren/ sommaren 1999) vittnade plaggen om sin egen födelse genom att blotta underliggande, uppskurna lager, i *Echoform* (hösten/ vintern 1999–00) skapade han denimkläder som var nästan identiska med gradvis bortglömda detaljer och i *Medea* (våren/ sommaren 2002) lät han sönderrivna trasor från tidigare kollektioner återuppstå i nya kombinationer. Brottsstycken av tidigare skapelser återföds regelmässigt i de nya, och skapar en lång minneskedja av metamorfoser: den Cypern-födde Chalayans längsta metamorfos gäller just utforskandet av ursprung. Från 1998 års muslimska huvudkläden som på en gång dolde och exponerade kroppen, en kommentar till den västerländska synen på islamsk religion och sexualitet, till videoverket *Ambimorphous* (ModeNatie/Antwerpen, 2002) där moderna kläder morfades till folkdräkter, och herrmodedebuten i juli 2003 med jackfoder som tecknade turistkartor och en innerficka som formats efter en tusenårig, cypriotisk fruktbarhetssymbol.

Chalayans tidigare integrerade konst- och modeprojekt har gradvis gått skilda vägar, med alltmer avancerade performance och videoverk samt alltmer bär- och säljbara kläder. Hans position i den samtida kulturen, som en konstnär som vuxit fram ur en modeskapares huvud, är helt unik – just för att han inte tappat fotfästet i något av de båda systemen.

En insikt i Chalayans värld, liksom i de andra av ovanstående modeskapares världar, har hittills varit få förunnat. Vanligtvis måste man vara köpare, mediaarbetare, popstjärna eller ha vänner på höga positioner för att ta sig in på de annars ointagliga visningarna. *Fashination* bygger delvis på tanken om att visa modets visuella kraft för en annan publik. Men också på antagandet att mode, konst och modefoto kan generera nya betydelser när utvalda verk ställs bredvid varandra.

En konstnär som den tidigare nämnda Alicia Framis, till exempel, har visserligen redan gästspelat i modevärlden – och just under Paris modevecka i oktober 2002 – med kollektionen *anti_dog*, som formgivits av designern Karen Park-Goude. *anti_dog* är kopior av signaturplagg från Dior, Chanel och Balenciaga och av Hussein Chalayans huvudkläde från vårsäsongen 1998.

Alicia Framis lät sy upp Chalayans politiska verk, huvudklädet, i det hund-, skott- och flamsäkra materialet Twaron för den politiska modedemonstrationen *Beauty Beats Violence*, en performance som tar strid för mörkhyade kvinnors rätt att vistas i områden som regeras av skinheads och andra rasister med farliga hundar.

Att nya betydelser genereras när Alicia Framis och Hussein Chalayans verk ställs bredvid varandra är uppenbart, liksom kopplingarna över genregränserna. Men där finns ännu ett slags samhörighet, som Alicia Framis konst inte är ensam om att beskriva. Det slags performancekonst som bland annat Alicia Framis ägnat sig åt, har alltid delat en inre kärna med modet: lusten att göra sig själv till ett eget konstverk. I den meningen är modet och konsten riktigt svåra att skilja från varandra.

Salka Hallström Bornold

[1] Suzy Menkes, *International Herald Tribune*, 1998–10–13.
[2] Maison Martin Margiela, Street Special Edition Volumes 1 & 2 1999.
[3] *Fashion Now*, Taschen, 2003.
[4] *Bon* #9/2002.
[5] *Fashion Now*, Taschen, 2003.
[6] *Bon* #7/2004.
[7] *Cutting Up Rough* 9, BBC 1997.

"McQueen, like (Marquis de) Sade, was fascinated by a dialectical relationship between victim and aggressor, and the parade of women he created on the catwalk resembled de Sade's aggressors rather than their victims... McQueen's runway suggested a world without men, not because they were absent from it (they were not) but because it was a world in which gender was unsettled by women who were both hyper-feminine and yet in some respects terrifyingly male. In his collections of this period McQueen began to manifest a fascination with the dynamics of power, in particular with a dialectical relationship between predator and prey, between victim and aggressor."

McQueen's transformed female victims appeared most blatantly in *Jungle Out There*, shown at the London Borough Market in February 1997. The models were styled into monstrous half-beasts, with antelope horns protruding from their necks, hands and shoulders, tigress faces and Jesus figures peeping through raw hides. But the theme of the show was Thompson's Gazelle. The horns protruding from the shoulders of McQueen's models were from the most vulnerable and helpless of the African fauna. "The whole show feeling was about the Thompson's Gazelle," explained McQueen, "It's a poor little critter – the markings are lovely, it's got these dark eyes, the white and black with the tan markings on the side, the horn – but it is the food chain of Africa. As soon as it's born it's dead... and that's how I see human life, in the same way."[7]

"I'm a fashion designer," says former Gucci Group strategist Tom Ford, regarding his recruitment. "Alexander McQueen is an artist." No analysis of McQueen could be less accurate. McQueen, who was trained both by Savile Row and the couture studios in Paris, is simply the most brilliant creator that fashion has to offer. As one of the hubs for the tone-setting media and artists, McQueen has also revolutionised contemporary imagery, dissolving the conventional perceptions of femininity, sexiness and beauty.

It would be more apt to call Hussein Chalayan an artist in the world of fashion. Several of his shows could be transferred from the catwalk to the performance space without their losing anything vital. One of his more spectacular shows, with its war-inspired, portable furniture (autumn/winter 1999–00) evokes the surrealist 1930s *Desk Suit* designed by Elsa Schiaparelli and Salvador Dalí. Nor is Chalayan far removed from architecture, in his incessant exploration of the human body and its surroundings.

Chalayan also has similarities with Margiela's meta-fashion. Like Margiela, he has sought to erase the trade-defining individualism by hiding his models' heads in wooden eggs (*Between*, spring/summer 1998) or mirrors (*Panoramic*, autumn/winter 1998–99). One can also perceive a reluctant melancholy in Chalayan about fashion's perpetual amnesia. In *Geotropics* (spring/summer 1999), the clothes revealed their own birth process by showing the underlying, cut layers; in *Echoform* (autumn/winter 1999-00), he created denim clothes that were almost identical but with gradually forgotten details; and in *Medea* (spring/summer 2002), torn rags from previous collections were resurrected in new combinations. Elements from earlier creations are reborn repeatedly in the new collections, forming a long memory chain of metamorphoses: the Cyprus-born Chalayan's longest metamorphosis relates to the exploration of origins. From the Muslim veils that both shrouded and exposed the body in 1998, a comment on the Western view of the Islamic religion and sexuality, to the video work *Ambimorphous* (Mode Natie/Antwerp, 2002), where modern clothes were morphed into folk costumes, and his menswear debut in July 2003, with jacket linings with tourist maps drawn on them, and an inner pocket modelled on an ancient Cypriot fertility symbol.

Chalayan's earlier integrated art and fashion projects have

"I think there is room for exhibitions like this. It puts fashion in a quality context…Some people say that fashion is taken more seriously today, but do you not feel that most people would take art as a more significant kind of influence on society? The transience in fashion, and the fact that most of the time there aren't political thoughts behind it, makes the broad public not take it as seriously" —Hussein Chalayan

gradually gone separate ways, with increasingly advanced performance and video works and more wearable and saleable clothes. His position in contemporary culture, as an artist sprung from the head of a fashion designer, is entirely unique – simply because he has not lost his foothold in either of the two worlds.

Few people have had the opportunity, so far, to look inside the world of Chalayan, or those of the designers mentioned above. Normally, one would have to be a buyer, media worker, pop star or someone with well-connected friends in order to get into the exclusive shows. *Fashination* is based partly on an ambition to show the visual power of fashion to a different audience. But also on the idea that fashion, art and fashion photography can generate new meanings when selected works are juxtaposed.

An artist such as Alicia Framis, for instance, has already made guest appearances in the world of fashion – and specifically during the Paris fashion week in October 2002 – with her *anti_dog* collection, designed by Karen Park-Goude. *anti_dog* consists of copies of signature items by Dior, Chanel and Balenciaga and Hussein Chalayan's hijab veils from spring 1998.

Alicia Framis had Chalayan's political work, the hijab made of the dog-, bullet- and flame-proof material Twaron, made for her political fashion demonstration *Beauty Beats Violence*, a performance that campaigns for the right of black women to move freely in areas dominated by skinheads and other racists with dangerous dogs.

Obviously, new meanings, and links across genre boundaries, are revealed, when the works of Alicia Framis and Hussein Chalayan are shown side by side. But another similarity also emerges, one that Framis's art is not alone in describing. The kind of performance art that Alicia Framis and others pursue has always shared an inner core with fashion: the desire to transform oneself into a work of art. In that sense, it is very hard to distinguish between fashion and art.

Salka Hallström Bornold

[1] Suzy Menkes, *International Herald Tribune*, 1998–10–13.
[2] Maison Martin Margiela, Street Special Edition Volumes 1 & 2 1999.
[3] *Fashion Now*, Taschen 2003.
[4] *Bon* #9/2002.
[5] *Fashion Now*, Taschen 2003.
[6] *Bon* #7/2004.
[7] *Cutting Up Rough 9*, BBC 1997.

"Det har tagit lång tid för folk att sluta betrakta våra verk utan förutfattade meningar. För mig har det alltid funnits verk som kunnat skrida över gränsen till båda fälten och som genom att konfrontera bägge har förstärkt sina likheter och olikheter och gett ett nytt perspektiv." (Inez)
—Inez van Lamsweerde & Vinoodh Matadin

"It's taking a long time for people not to look at the work without preconceptions. For me, there have always been works that could cross over to either field, and, by confronting the two, have intensified their similarities and their differences to give a new perspective." (Inez)
—Inez van Lamsweerde & Vinoodh Matadin

Steven Meisel

Alexander McQueen

Yinka Shonibare

s/pp 58–63:
Hösten/vintern: Autumn/Winter 2004–05:
Ur en film av Nigel Bennett visad samtidigt på 19 traditionella
Pariscaféer/From a film by Nigel Bennett presented
at 19 traditional Paris cafées at precisely the same moment

Maison Martin Margiela

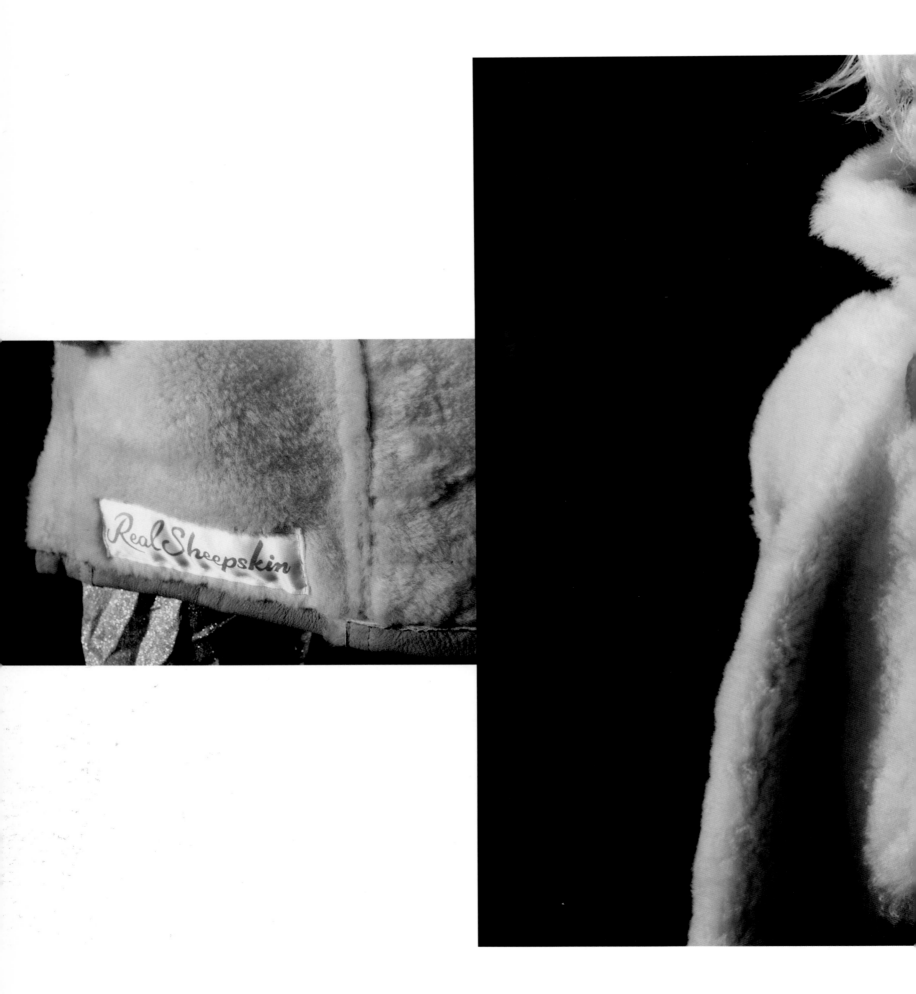

Benoît Méléard

Vanessa Beecroft

Jun Takahashi

Martina Hoogland Ivanow

Lars Nilsson

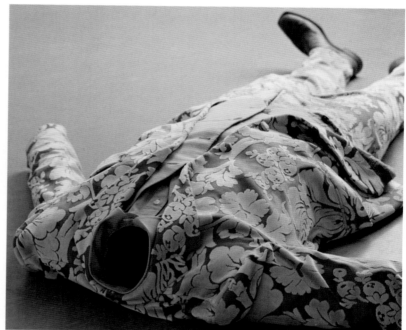

Viktor & Rolf

Philip-Lorca diCorcia

Alicia Framis

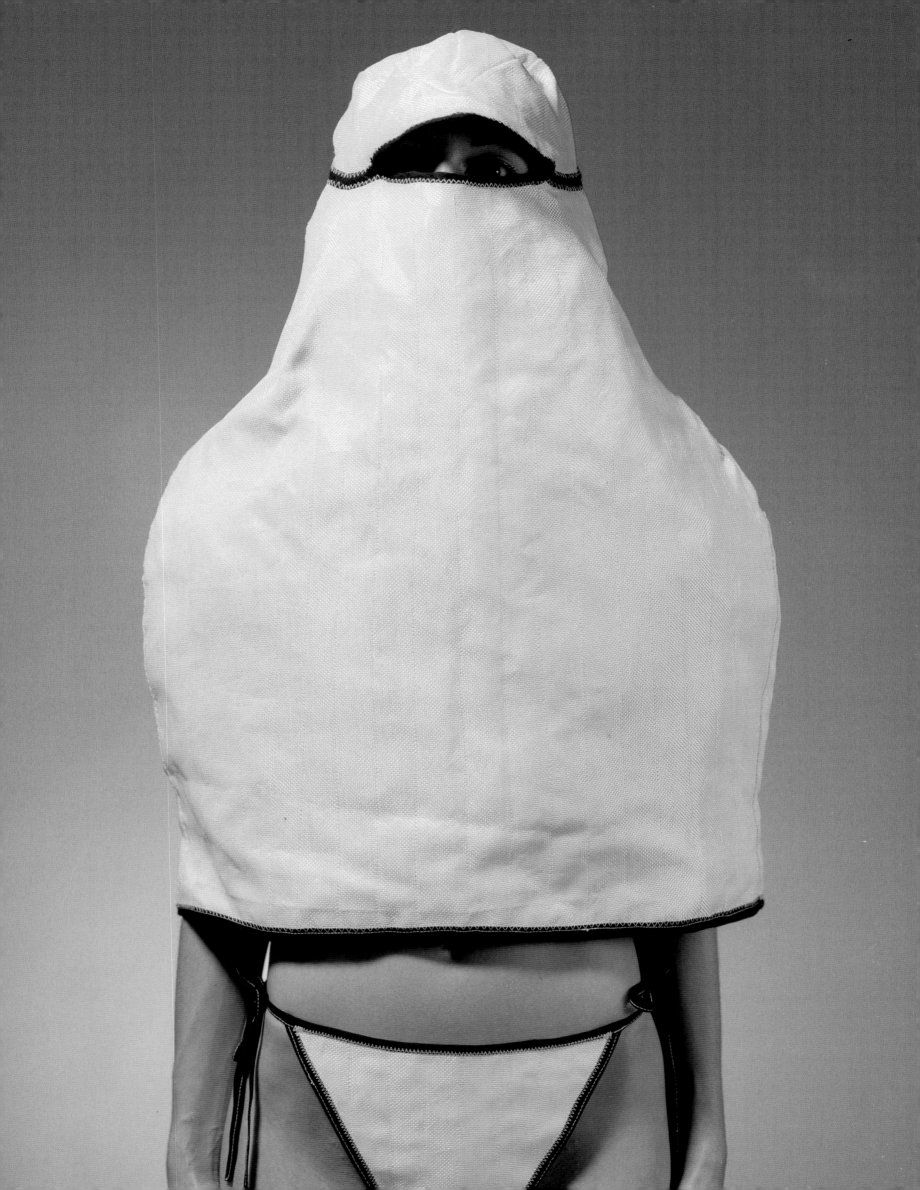

Inez van Lamsweerde
Vinoodh Matadin

Jessica, 2002

Kate, 1999

Anne Valérie Hash

Coiffure
Bless No 20 o.kayers, 2003

Hair Brush
Bless Beauty Products, 1999

Bless

Mobil #1b
Bless No 22, Perpetual home motion machine, 2004

File Chair
Bless No 20 o.kayers, 2003

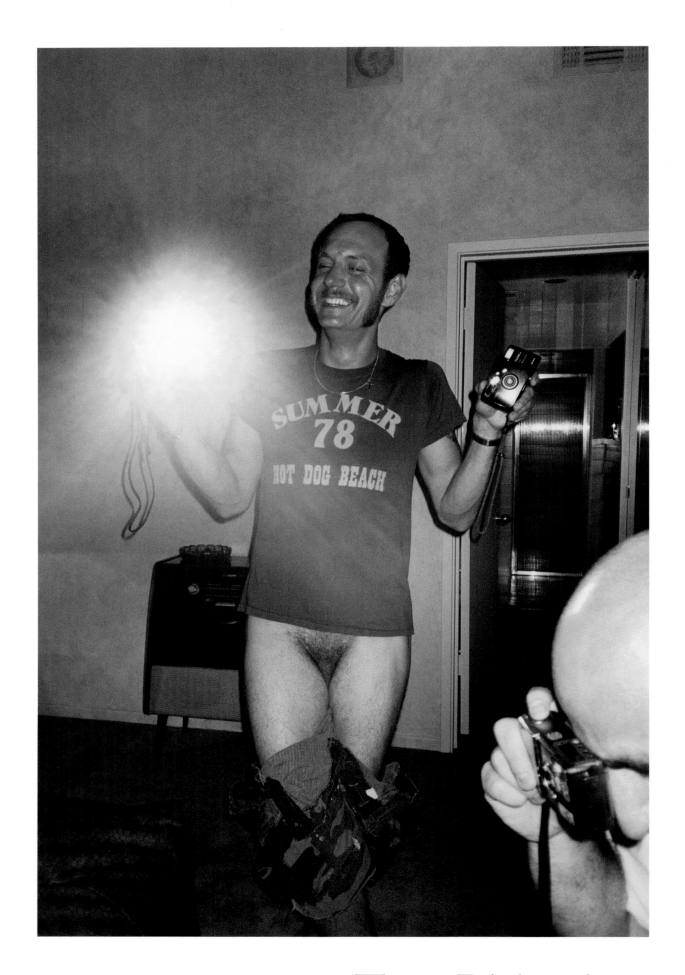

Terry Richardson

VANESSA BEECROFT
f. 1969, Genua [IT]

Vanessa Beecrofts första performance uppfördes i samband med debututställningen *Despair* i Milano 1993, när hon gick ut konsthögskolan. Där presenterades en serie teckningar och akvareller samt en bok: *Book of Food* med maskinskrivna listor över allt hon ätit, dag för dag, sedan 1987. Till öppningen hade Vanessa Beecroft bjudit in 30 unga kvinnor för att agera publik – iklädda hennes egna kläder. Kroppsfixering, anorexia och skam var teman som flätades samman i utställningen.

"Flickorna", som Beecroft kallar dem, är sedan dess det viktigaste konstnärliga "materialet" i hennes verk. De är nästan eller helt nakna och liknar varandra. Ibland har de dessutom liknande peruker, vilket understryker det uniforma, icke-individuella. De få plagg de har på sig har blivit allt mer sofistikerade och märket är ofta namngivet: Gucci, Manolo Blahnik, Yves Saint Laurent. Hennes verk innehåller också referenser till film och teater. Modellerna står och stirrar rakt fram, utan kontakt med varandra eller publiken. De ges endast några enkla instruktioner för sitt agerande. Inget särskilt händer. Reglerna kan lätt sammanfattas: "Rör dig inte, tala inte, interagera inte med publiken eller med varandra." Men eftersom en performance pågår i över en timme, och modellerna är människor, bryts reglerna vartefter tiden går. "En performance börjar som en Don Judd och slutar som en Jackson Pollock", kommenterar Beecroft upplösningen av den kontrollerade formen. Betraktarna blir lätt obekväma i sin voyeuristiska roll. Etiska frågor om objektifiering och exploatering infinner sig lätt, men några svar ges inte. Varje performance resulterar också i fotografier och videor. **MafP**

VANESSA BEECROFT
b. 1969, Genoa [IT]

Vanessa Beecroft's first performance took place at her first exhibition, *Despair*, in Milan in 1993, when she graduated from art school. Here she showed a series of drawings and watercolours, and a book, *Book of Food*, containing typewritten lists of everything she had eaten, day by day, since 1987. Beecroft had invited 30 young women to the opening to act as audience – dressed in Beecroft's own clothes. Body fixation, anorexia and shame were the themes that the exhibition wove together.

Since then, "the girls", as Beecroft calls them, have been the most essential artistic 'material' in her works. They are practically naked and look alike. Sometimes they even have matching wigs, enhancing the uniform, non-individual dimension. The few items of clothing have grown increasingly sophisticated, and the label is often named: Gucci, Manolo Blahnik, Yves Saint Laurent. Her works also contain references to film and theatre. The models are staring blankly into space, without relating to one another or to the audience. They are only given rudimentary instructions on how to act. Nothing in particular happens. The rules are easily summed up: "Don't move, don't talk, don't interact with the audience or each other." But since a performance lasts for over an hour, and the models are human beings, the rules are broken as time goes by. "A performance starts like a Don Judd and ends like a Jackson Pollock," Beecroft comments on the dissolution of the controlled form. Onlookers soon start feeling uncomfortable in their role of voyeur. Ethical issues arise relating to objectification and exploitation, but no answers are provided. Each performance is also documented in photographs and on video. **MafP**

BLESS
Ines Kaag, f. 1970, Nürnberg [DE]
Desirée Heiss, f. 1971, Buggingen [DE]

I mitten av 1990-talet var Ines Kaag och Desirée Heiss modestudenter från Wien respektive Hannover. De möttes under en internationell tävling. Sedan genombrottet 1996 med *Bless No 00* – peruker av kaninpäls som köptes in av Maison Martin Margiela – har de drivit Bless tillsammans, fortfarande i varsin stad, Ines Kaag i Berlin och Desirée Heiss i Paris. Bless gör kläder bara när de känner för det och utmanar ständigt modets regelverk. De har ritat ut ett eget landskap där själva produkten når långt utanför modets råmärken, och den som vågar kalla deras saker för konstverk bemöts med upphöjd skepsis. "This project has no artistic intentions" står det i pressreleasen för *Bless No 19*, för säkerhets skull. Deras skapelse Bless tänker de sig som "ett feminint uttryck, men mer kvinna än flicka. Hon har ingen särskild skönhet, men går aldrig obemärkt förbi. Hon har ingen särskild ålder, men återfinns oftast mellan 20- och 40-årsåldern." Bless har hittills gjort 22 kollektioner, bland annat gör-det-själv-sneakers för Adidas, broderade krukväxter för en fotobok och sweatshirts med deras egna ansikten som idolporträtt "för att tillfredsställa medias önskemål". De har också ställt ut på Stedelijk Museum i Amsterdam, Art Metropole i Toronto och Manifesta i Frankfurt. **SHB**

BLESS
Ines Kaag, b. 1970, Nuremburg [DE]
Desirée Heiss, b. 1971, Buggingen [DE]

In the mid-1990s, Ines Kaag and Desirée Heiss were fashion students in Vienna and Hanover, respectively. They met at an international competition, and have run Bless together since 1996, when they made their debut with *Bless No 00* – a collection of rabbit-fur wigs that was bought by Maison Martin Margiela. They still operate from separate towns, with Ines Kaag based in Berlin and Desirée Heiss in Paris. Bless make clothes only when they feel like it and are constantly challenging the rules of the fashion industry. They have designed their own landscape where the product itself extends far beyond the limitations of fashion, and anyone who dares call their things works of art will encounter a lofty scepticism. To be absolutely clear, the press release for *Bless No 19* states: "This project has no artistic intentions." They see their creation, Bless, as "a feminine expression, but more woman than girl. She is of no particular age, but is usually in her 20s to 40s." So far, Bless have produced 22 collections, including the D-I-Y sneakers for Adidas, embroidered plants for a photo book, and sweatshirts with their own faces emblazoned on them like idols, "to satisfy the media". They have also exhibited at the Stedelijk Museum in Amsterdam, the Art Metropole in Toronto and at Manifesta in Frankfurt. **SHB**

Biografier
Biographies

HUSSEIN CHALAYAN
f. 1970, Nikosia [CY]

Redan på modeakademin, Central Saint Martins i London, lär en lärare ha rått Hussein Chalayan att byta till skulpturlinjen istället. Sedan examenskollektionen *The Tangent Flows*, av tyger som begravts på en bakgård och sedan grävts upp igen, har Hussein Chalayan befunnit sig långt bortom modets huvudfåra. Snarare än mode har Hussein Chalayan betytt plagg på gränsen till arkitektur, i ett oupphörligt undersökande av den mänskliga kroppen och dess omgivning. Men Chalayan har också ställt frågor om identitet och ursprung i förvandling, eller upplösning. *Afterwords* (hösten/vintern 2000) byggde på idén om ett bärbart hemland med trämöbler som förvandlades till kläder. I Chalayans kabinett finns också kazakhstanska folkdräkter som omkonstruerats till moderna affärskostymer, identitetslösa trähuvuden, en glasfiberklänning som yttre kroppshölje eller high tech-krinolin, anonyma turistplagg med hemliga konstruktioner under ytan. I likhet med Martin Margiela har Hussein Chalayan dock begränsat de konceptuella utflykterna till det egna märket. I sina uppdrag har Chalayan alltid gjort bländande bärbart mode: för brittiska lyxbutikkedjan Asprey, New York-märket TSE och Top Shop. Hussein Chalayan har utnämnts till British Designer of the Year två gånger, 1999 och 2000. **SHB**

HUSSEIN CHALAYAN
b. 1970, Nicosia [CY]

When Chalayan was a fashion student at Central Saint Martins in London, a teacher is reputed to have advised him to switch to the sculpture course. Ever since his graduation show, *The Tangent Flows* – textiles that had been buried in a back garden and then dug up again – Hussein Chalayan has operated far beyond the conventional field of fashion. His name has been associated with clothes bordering on architecture, rather than fashion, in his ceaseless exploration of the human body and its surroundings. But Chalayan has also dealt with issues such as identity and origin in transition or dissolution. *Afterwords* (autumn/winter 2000) was based on the ideal of a portable home country, with wooden furniture that transformed into garments. Chalayan's cabinet also contains Kazakhstani folk costumes, anonymous wooden skulls, a fibreglass dress like an outer sheath or high-tech crinoline, uniform tourist outfits with secret structures under the surface. Like Martin Margiela, however, Hussein Chalayan has limited his conceptual excursions to his own label. When working on assignments for others, he has always produced dazzlingly wearable fashion: for the British clothes chain Asprey, the New York label TSE and for Top Shop. Hussein Chalayan has twice been named British Designer of the Year – in 1999 and again in 2000. **SHB**

PHILIP-LORCA DiCORCIA
f. 1951, Hartford [US]

diCorcia hör till de konstnärer som haft störst framgång med sina utflykter till modefotografin. Hans bilder har blivit en föregångare för den narrativa, filmiska modefotografin som fick stort genomslag i slutet av 1990-talet. diCorcia har arbetat för ett flertal tidskrifter och magasin, som *Esquire*, *Harper's Bazaar*, *Details* och *W*. Han är utbildad vid School of Fine Arts i Boston och senare vid Yale University.

diCorcias fotografier har givit honom utställningar på ett stort antal museer och konsthallar, bland annat en stor separat utställning med titeln *Strangers* på Museum of Modern Art i New York, 1993. Hans tidiga fotografier från slutet av 1970-talet, visade ofta familj och vänner. De har en intim, varm karaktär men är ändå iscensatta. I serien *Heads* från 2001 har han förnyat street photography-genren, alltså porträtt av människor på gatan som för det mesta är omedvetna om att de blir fotograferade. diCorcia riggade ljus utom synhåll för dem som gick på gatan. Från ett bestämt avstånd fotograferade han de som klev in i ett markerat område där ljuset föll. Resultatet är en märklig kombination av vanliga människor som inte poserar men som i det dramatiska ljuset – vilket får bakgrunden att vila i mörker – framträder som teatraliskt iscensatta, ikoniska. **MafP**

PHILIP-LORCA DiCORCIA
b. 1951, Hartford [US]

diCorcia is one of the artists who have enjoyed their greatest success with his excursions into fashion photography. His fashion works have been seminal to the narrative, cinematic style that emerged in the late 1990s. diCorcia has worked for several magazines, including *Esquire*, *Harper's Bazaar*, *Details* and *W*. He studied at the School of Fine Arts in Boston, followed by Yale University.

diCorcia's photographs have resulted in exhibitions at numerous museums and galleries, including *Strangers*, a major solo show at the Museum of Modern Art in New York in 1993. His early photographs, from the late 1970s, usually portrayed his family and friends. They are intimate and tender, but always staged. In his *Heads* series from 2001, he developed the street photography genre, that is, pictures of people in the street who are usually unaware that they are being photographed. diCorcia rigged up lighting that could not be seen from the street then photographed those who entered the marked space where the light fell from the same distance. The result is a remarkable combination of ordinary people, who are not posing, but who appear theatrically arranged, iconic, in the dramatic lighting which shrouds the background in darkness. **MafP**

ALICIA FRAMIS
f. 1967, Barcelona [ES]

Alicia Framis har i sin konst uppmärksammat sociala och politiska frågor, som ofta bottnar i existentiella, mänskliga behov – som kärlek, kläder, boende och mat – överlevnad, kort sagt. I ett projekt med titeln *Loneliness in the City* reste hon till fem olika europeiska städer. I varje stad försökte hon använda sig av stadens specifika kultur och de möjligheter den medförde, för att finna sätt att råda bot på just ensamheten i staden. I varje stad arbetade hon med olika nätverk. Hon använde ett specialdesignat tält till workshops, föreläsningar, fester och andra aktiviteter. Ambitionen var också att projektet skulle kunna leva vidare efter att Framis och tältpaviljongen rest.

Även i andra projekt har hon samarbetat med arkitekter och designer för att skapa tillfälliga byggnader utanför musei- eller gallerirummen. De som vill ta del av hennes verk dras ofta in i någon slags verksamhet. *anti_dog* är ett konstprojekt i form av ett klädmärke. När Alicia Framis under en tid bodde i Berlin blev hon varnad för att vistas i en del av staden där rasistiska högerextremister höll till. Eftersom Framis är mörk riskerade hon att bli attackerad, fick hon höra. Rasisterna bussade ofta sina kamphundar på invandrare och andra de ogillade. Framis utvecklade därför tillsammans med olika modeskapare en kollektion kläder i Twaron – ett material som tål kulor, eld och hundbett. Märket lanserades under Paris modevecka och har sedan levt vidare. Den första kollektionen innehöll många referenser till klassiska designers som Chanel, Courrèges och Dior. Kläderna skapas av Framis i dialog med olika formgivare och ingår ofta i performancer där mörkhyade modeller visar kläderna. **MafP**

ALICIA FRAMIS
b. 1967, Barcelona [ES]

Alicia Framis' art has highlighted social and political issues that often stem from existential, human needs such as love, clothing, housing and food – in short, from survival. In one project, *Loneliness in the City*, she travelled to five European cities. In each of them she tried to use the city's specific culture and the possibilities it provided to find a way out of loneliness in that particular place. In each city she worked with different networks. She used a specially designed tent for workshops, lectures, parties and other activities. Framis' ambition was that the project would live on after she and the tent pavilion had moved on.

She has also worked with architects and designers on other projects aimed at creating temporary buildings outside the museum and gallery spaces. Those who want to see her works are often drawn into some form of activity. *anti_dog* is an art project in the form of a clothes label. When Alicia Framis was living temporarily in Berlin, she was warned not to venture into certain parts of the city where racist right-wing extremists hung out. Since Framis is dark-skinned, she might be attacked, she was told. The racists often set their dogs on immigrants and others they disliked. Therefore, Framis collaborated with various fashion designers to create a collection of clothes made out of Twaron – a material that is resistant to bullets, flames and dog bites. The label was launched at the Paris fashion week and has lived on since then. The first collection contained many allusions to classic designers such as Chanel, Courrèges and Dior. Framis creates her garments in dialogue with various designers and often takes part in performances where the clothes are worn by dark-skinned models. **MafP**

ANNE VALÉRIE HASH
f. 1971, Paris [FR]

Hash utbildade sig till haute couturier på Ecole de la Chambre Syndicale de la Couture Parisienne och praktiserade hos Dior, Lacroix och Chanel. Hon har blivit det samtida modets felande länk mellan Madeleine Vionnet och dekonstruktionsmodets grand old lady, Rei Kawakubo. Sedan debuten under haute couture-veckan i juli 2000 har Hash sökt nya vägar för dammodet genom dekonstruerad herrkonfektion. I Hashs händer förvandlas klassiskt vintageskrädderi till dammode som talar – om makt, sex och könsroller. Liksom 1920-tals-couturiern Madame Vionnet modellerar hon alla sina plagg i miniatyr som sedan översätts till vuxenstorlek. Men till skillnad från Vionnet har Hash sin egen mänskliga docka, flickan Lou. "Jag valde en liten flicka för att hjälpa mig att bygga mina kollektioner eftersom barn är mindre medvetna om sin attityd. Det gav en spontanitet till mitt uttryck", säger hon. "Först var det en lek, sedan blev det en kreation och nu verkar det vara ett mode". I juni 2003 belönades Hash med franska modeindustrins Andam-pris för lovande ung modedesign. **SHB**

ANNE VALÉRIE HASH
b. 1971, Paris [FR]

Hash trained as an haute couturier at the Ecole de la Chambre Syndicale de la Couture Parisienne and did her traineeship at Dior, Lacroix and Chanel. She has been seen as the missing link between Madeleine Vionnet and the grand old lady of deconstruction fashion, Rei Kawakubo. Since her debut at the haute couture week in July 2000, Hash has unremittingly sought new roads for women's fashion by deconstructing men's fashion. In Hash's hands, men's tailored vintage classics are turned into women's apparel that shouts – about power, sex and gender roles. Like the 1920s couturier Madame Vionnet, she makes all her clothes in miniature sizes and then converts them into adult sizes. But unlike Vionnet, Hash has her own human doll, the girl Lou. "I chose a little girl to help me create my collections, since children are less conscious of their attitude. This gave more spontaneity to my style," she says. "At first, it was a game, then it became a creation, and now it appears to be a fashion." In June 2003, Hash was awarded the French fashion prize, the Andam award for promising young fashion designers. **SHB**

MARTINA HOOGLAND IVANOW
f. 1973, Stockholm [SE]

Efter att under flera år bott och arbetat i först New York och sedan London, har Martina Hoogland Ivanow nu återvänt till Stockholm. Som modefotograf har hon gjort flera reportage för tidningar som *Dazed* och *The Face*. I hennes modearbete ingår också kampanjer för Prada och Miu Miu. Men hon har också publicerat fotoessäer utan anknytning till mode i flera tidningar och magasin. Hennes arbeten utmärks av en driven formsäkerhet som ibland drar mot abstraktion och varma, mättade färger, ofta i ett ljusdunkel. Hennes bilder undviker många av de objektifierande, sexuella stereotyperna, men är ofta sinnliga.

Sedan ett par år deltar Martina Hoogland Ivanow också i fotografiutställningar. I samband med *Xposeptember* – Stockholms fotofestival 2002, visade hon en serie fotografier med titeln *Four Corners of the World*. Det var fotografier från Sakhalin Island, Kolahalvön, Eldslandet och Antarktis – alla geografiskt isolerade platser med vissa gemensamma särdrag. Intresset för det som ofta beskrivs som perifert, även i mänsklig och metaforisk bemärkelse, är något som genomsyrar stora delar av hennes produktion. **MafP**

MARTINA HOOGLAND IVANOW
b. 1973, Stockholm [SE]

Martina Hoogland Ivanow has returned to Stockholm, after living and working first in New York, and then in London. As a photographer, she has made several fashion features for magazines such as *Dazed* and *The Face*. Her work also includes campaigns for Prada and Miu Miu, but she has also published photographic essays unrelated to fashion in numerous newspapers and magazines. Her work is characterised by skilful design which occasionally moves towards abstraction, and warm, saturated colours, often with dim lighting. Her images steer clear of many of the objectifying, sexual stereotypes, but are often sensual.

Over the past couple of years, Martina Hoogland Ivanow has also participated in photo exhibitions. At *Xposeptember* – the Stockholm photo festival in 2002, she showed a series of photographs titled *Four Corners of the World*, pictures from Sakhalin Island, the Kola Peninsula, Tierra del Fuego and the Antarctic – all geographically isolated places that share certain traits. Her interest in what is often described as peripheral, also in a human and metaphorical sense, permeates large parts of her oeuvre. **MafP**

INEZ VAN LAMSWEERDE
f. 1963, Amsterdam [NL]

VINOODH MATADIN
f. 1961, Amsterdam [NL]

van Lamsweerde började sin karriär helt inom konstfältet och tillbringade ett år som stipendiat vid PS 1 Contemporary Art Center i New York. Sedan slutet av 1980-talet har hon samarbetat med Vinoodh Matadin, som hon träffade i hemstaden Amsterdam. Vinoodh Matadin var vid denna tid designer och deras gemensamma arbete rörde sig mellan konst och mode. Snarare än att som konstnärer stå utanför modevärlden och kommentera den, har de blivit en del av modesystemet, men kan ändå skapa kritiska och ibland oroande bilder.

De använde sig tidigt av digitalt manipulerade fotografier där kroppsdelar flyttades och androgyna eller könlösa människoarter framställdes. Modellerna framstod som omänskliga. De blev nästan abstrakta i sin polerade, datamanipulerade perfektion. *Well Basically* och *Petra* från 1994, båda publicerade i *The Face*, hör till deras tidiga arbeten och spelade med ett slags Glam-kitch från 1970-80-talet. Senare har deras manipulationer blivit mindre synliga. Samarbete med landsmännen Viktor & Rolf har lämnat avtryck – inte bara i fotografier där deras kläder figurerar; ibland har fotografierna även varit inspirationskällor för kollektionerna. De har fortsatt ställa ut i konstsammanhang och är representerade i en rad samlingar, däribland Moderna Museets. **MafP**

INEZ VAN LAMSWEERDE
b. 1963, Amsterdam [NL]

VINOODH MATADIN
b. 1961, Amsterdam [NL]

van Lamsweerde began her career as an artist and spent a year on a studio grant at the PS 1 Contemporary Art Center in New York. Since the late 1980s, she has collaborated with Vinoodh Matadin, whom she met in their hometown, Amsterdam. Vinoodh Matadin was a designer at the time, and their joint projects were a combination of art and fashion. Rather than taking an outsider view of the fashion world as artists, they have become part of the fashion system, although retaining the freedom to create critical and occasionally disconcerting images.

van Lamsweerde and Matadin introduced digitally manipulated photographs at an early stage, displacing limbs and creating androgynous or sexless human hybrids. The models appeared inhuman and were almost abstract, with their polished, manipulated perfection. *Well Basically* and *Petra* from 1994, both published in *The Face*, are two of their early works, a play on '70s-'80s glam kitsch. More recently, their manipulations have been more subtle. Their work with fellow Dutchmen Viktor & Rolf has not only had an impact in the photographs featuring their clothes; sometimes the photos have also influenced the collections. They have continued to exhibit their works in art contexts and are represented in several art collections, including that of Moderna Museet. **MafP**

MARTIN MARGIELA
f. 1959, Limbourg [BE]

Ingen i branschen som inte tillhör den närmaste kretsen har sett Martin Margielas ansikte, än mindre talat med honom. Sedan många år uttalar sig Maison Martin Margiela endast som kollektiv, i linje med den depersonaliserade filosofi som genomsyrar modehuset vid Gare du Nord i Paris. Istället för logga bär kläderna ett nummer, istället för modeller används så kallat vanligt folk, gärna med förtejpade ögon vid visnings- och fototillfällen. Ändå har Martin Margiela, som metamodets anti-stjärna, varit modeveckans självklara höjdpunkt i Paris sedan 1990-talets gryning. Sedan den första kollektionen visades 1988 har omarbetningarna av vintageplagg, textilier och accessoarer varit ryggraden i verksamheten, i en kombination av dekonstruktiva arbetsmetoder och lågstatusmaterial. Fundamentet i Maison Martin Margielas oeuvre är ett handgripligt ifrågasättande av inrotade föreställningar om säsonger, trender, klass, status, plagglogik och coutureteknik. Från 1993 års handsydda tröja av arméstrumpor till screentryckta foton av vintage-kläder på nya plagg (våren/sommaren 1996), haute couture-prototyper i grovt kläde som moderna jackor (våren/sommaren 1997, hösten/vintern1997) och de över-dimensionerade kollektionerna från 2000-talets första år till den väst av uppskurna skinnhattar som ingår i höst-kollektionen 2004. Maison Martin Margiela har deltagit i ett stort antal utställningar, bland annat på Museum at FIT och Metropolitan i New York, Victoria & Albert Museum i London och Kyoto Costume Institute i Japan. **SHB**

MARTIN MARGIELA
b. 1959, Limbourg [BE]

Outside the inner circle of the industry, no one has seen Martin Margiela's face, let alone talked to him. For many years now, Maison Martin Margiela have only communicated as a collective, in line with the pervasive depersonalised philosophy of the fashion house at Gare du Nord in Paris. Instead of a logo, the garments have numbers, instead of models they use so-called "ordinary people", preferably with tape over their eyes, at fashion shows and photo ops. Yet, Martin Margiela, as the anti-hero of meta fashion, has been the obvious attraction of the Paris fashion week ever since the early 1990s. Following his first collection in 1988, the re-modelling of vintage clothing, textiles and accessories has formed the backbone of its production, along with deconstructive work methods and low-status materials. The core of Maison Martin Margiela's oeuvre is a palpable challenge to deeply-rooted conceptions about seasons, trends, class, status, garment logic and couture techniques, from the hand-sewn jumpers made of army socks in 1993, to the photos of vintage clothes screen-printed onto new garments (spring/summer 1997, autumn/winter 1997) and the oversized collections from the early 2000s, to the cut-up fur hats in the autumn 2004 collection. Maison Martin Margiela has participated in numerous exhibitions, including in the Museum at the FIT and the Metropolitan in New York, the Victoria & Albert Museum in London and the Kyoto Costume Institute in Japan. **SHB**

ALEXANDER McQUEEN
f. 1969, London [GB]

McQueen föddes som yngsta barnet i en syskonskara på sex i Londons East End. Som 16-åring hoppade han av skolan och påbörjade istället en annan upptäcktsresa. Från lärling på Savile Row-skräddarerna Anderson and Shepard, via praktikant hos Gieves and Hawkes, praktikant hos teater-kostymörerna Angels and Bermans, till jobbet som designassistent hos Romeo Gigli i Milano, examen på Londons modeakademi Central Saint Martins 1994 och posten som chefsdesigner på ärevördiga modehuset Givenchy i Paris 1996. Den nu 35-årige McQueen, som sedan 2000 driver sitt eget modehus under italienska konglomeratet Gucci Groups beskydd, behärskar varje aspekt av traditionell skräddar- och couturekonst. I likhet med John Galliano och Jean Paul Gaultier rör sig McQueen fritt genom dräkthistorien. Få kan som McQueen korsa Reeperbahn-läder med italienskt renäs-sansmåleri, mc-dräkter med asiatiska prästskrudar eller Joel-Peter Witkins freak show-verk med skulpturala krea-tioner av snäckskal – och göra det till utsökt mode. Men där andra couture-namn inte alltför sällan förfaller till effektsökeri, är McQueens dramatiseringar aldrig tomma gester. Trots att McQueen nyligen lanserade en herr-kollektion, är det hans egen – på en gång mäktiga och provokativa – kvinnovision som står i centrum för hans klädkonst; det och favoritepoken, den viktorianska eran som blivit hans portal mellan dräkt och dröm. Alexander McQueen blev utnämnd till British Designer of the Year 1996, 1997 och 2001. I juni 2003 utnämndes han till International Designer of the Year av amerikanska CFDA (Council of Fashion Designers America). Samma år mot-tog han en orden ur drottning Elizabeths hand. **SHB**

ALEXANDER McQUEEN
b. 1969, London [GB]

McQueen was the youngest in a family with six children in the East End of London. At 16, he left school to embark on another voyage of discovery. There followed an apprenticeship to the Savile Row tailors Anderson and Sheppard, and then at Gieves and Hawkes, a traineeship at the theatrical costumiers Angels and Bermans, and a job as assistant designer at Romeo Gigli in Milan. After getting a degree from Central Saint Martins in 1994, he was made head designer at the prestigious Maison Givenchy in Paris in 1996. At 35, Alexander McQueen now runs his own fashion house (since 2000) under the patronage of the Italian Gucci Group, and has mastered every aspect of the traditional art of tailoring and couture. Like John Galliano and Jean Paul Gaultier, McQueen moves freely between different periods in fashion history. Few have his ability to cross Reeperbahn leather with Italian renaissance painting, biker overalls with Asian religious garments, or Joel-Peter Witkin's freak-show works with sculptural creations made of seashells – and turn it into exquisite fashion. But where other couture designers too easily resort to spectacular tricks, McQueen's dramatisations are never hollow gestures. Although he recently launched a menswear collection, it is his idiosyncratic vision of womanhood – at once both powerful and provocative – that is the focus of his work; this, and his favourite époque, the Victorian era, have come to be his portal between clothing and reality. Alexander McQueen was British Designer of the Year in 1996, 1997 and 2001. In June 2003, he was appointed International Designer of the Year by the CFDA (Council of Fashion Designers of America). In that same year he was also made a CBE by Queen Elizabeth. **SHB**

STEVEN MEISEL
f. 1954, New York [US]

Meisel är utbildad vid Parson School of Design i New York och räknas som en av de mest etablerade modefotograferna. Hans fotoessäer i *Vogue Italia* kan fylla ett 30-tal sidor. Mer sällan har han visat sina fotografier i konstsammanhang. Däremot har konsttidskrifter ofta uppmärksammat hans arbete i modemagasinen. Hans bilder är fulla av referenser till film-, konst- och modehistorien. Hans drivna hantverksskicklighet lyser igenom som en signatur, trots att han eklektiskt citerar olika stilar. Meisels sofistikerade modebilder har också en förmåga att provocera – kanske just för att de så tydligt andas mode, samtidigt som de kan ha oroande undertoner. Meisels kampanj för Calvin Klein Jeans 1995 drogs in då den anklagades för att vara barnpornografisk. När debatten om "heroin chic" var som mest intensiv publicerade Meisel en fotoessä i *Vogue Italia* med titeln *The Good Life* – en ironisk version av 1950-talets helyllе-kärnfamilj, där allt ändå inte tycktes stå helt rätt till.

Kampanjen för Versace, som fotograferades i califor-niska lyxvillor, är mångbottnad. Modellerna Amber Valletta och Georgina Grenville poserar som dyrbara ägodelar i en överdådig lyx. Deras blickar är tomma och stirrar rakt igenom betraktaren. Samtidigt som de leder tankarna till maffiafruar, med något lätt komiskt i sin ambition att vara fina, så finns det något närmast sorgset och ensamt över dem. **MafP**

STEVEN MEISEL
b. 1954, New York [US]

Meisel studied at the Parson School of Design in New York and is one of the most established fashion photographers. His photo essays in *Vogue Italia* can easily take up some 30 pages. His photographs have been shown less frequently in an art context, although art magazines have often discussed his work for fashion magazines. His images are full of historical references to the cinema, art and fashion. His craftsmanship shines through his work like a watermark, even in his eclectic paraphrasings of other styles. Meisel's sophisticated fashion photos also have a tendency to provoke – perhaps simply because they exude a worrying undertone even when they are so blatantly about fashion. Meisel's campaign for Calvin Klein Jeans in 1995 was withdrawn after accusations that it was child pornography. When the debate about 'heroin chic' was at its most intense, Meisel published a photo essay in *Vogue Italia* titled *The Good Life*, an ironic take on the healthy 1950s nuclear family, where things were not quite right.

His campaign for Versace, shot in luxurious Californian homes, has many levels. The models, Amber Valletta and Georgina Grenville, pose like valuable commodities in the sumptuous surroundings. They gaze emptily right through the viewer. While evoking the image of Mafia wives, slightly comical in their ambitions to be refined, there is also something vaguely sad and lonely about them. **MafP**

BENOÎT MÉLÉARD
f. 1971, Paris [FR]

"I just adore that young Frenchman Benoît Méléard. His stuff is just so architecturally beautiful: it has a touch of weirdness". Citatet kommer från Manolo Blahnik och återfinns på skomakaren Benoît Méléards webbplats. Det är ingen slump. Méléard började sin rebellverksamhet på modescenen i Paris i beundran för såväl Blahniks fjäderlätta fotjuveler som för Beth Levines konceptuella skulpturer. Men när Benoît Méléard slog till med debutkollektionen *Cruel* på Naturhistoriska museet i Paris i oktober 1998, hade egentligen ingen hört talas om något nytt slags skodesign sedan – just Beth Levine. Skoformgivning var länge ett hantverk som saknade rebeller. Benoît Méléard ändrade på den saken. Efter debuten med *Cruel* drog Méléard-plagiaten fram som en visklek i modet: elliptiska bågar, pyramidala former, boxiga volymer, nakna järnklackar. De fem kollektionerna, finansierade av Méléard själv, sattes aldrig i produktion. Det var inte heller Méléards mening. "Allt jag ville", sa han i *Bon* 10/2002, "var att sparka modeindustrin, och skomodebranschen, därbak…Jag ville säga att skoformgivningens möjligheter är oändliga, att vi kan ändra dess volymer i all evighet." Benoît Méléard har sin studio i Porte de Clignancourt, Paris. Han har samarbetat med Alexander McQueen och Jeremy Scott, och bland annat ställt ut på La Beauté i Avignon (2000). **SHB**

LARS NILSSON
f. 1956, Stockholm [SE]

I centrum av Lars Nilssons konstnärskap har under senare tid legat ett självbiografiskt projekt, påbörjat 1994, där han skärskådar det manliga psyket med sig själv som mänsklig måttstock. I hans installationer möts vi av konstnärens egen fysionomi – som förbipasserande betraktare, dagdrömmande gentleman eller lemlästat lik. En fiktiv autenticitet som lånar filmmediets suggestiva förmåga, och öppnar en omedelbar kommunikation med betraktaren. Nilsson dröjer paradoxalt nog gärna vid den polerade och fashionabla ytan hos ett alter ego eller virtuost tekniskt utförande, för att belysa ett kollektivt undermedvetet och blotta fickor av fåfänga, bestialitet, extas. Med ett stundtals plågsamt personligt tilltal – men inte utan humoristisk udd – ställer han brännande frågor kring sexualitet, det störda förhållandet mellan könen och individens moral. Nilsson arbetar i en rad olika medier – måleri, fotografi, installation och film. I sitt senaste verk, filmen *Orgia*, lämnar han den självbiografiska tematiken och skildrar ett Arkadien mitt i det samtida Berlin, där individens drifter och begär triumferar över en kvävande och konformistisk konsumtionskultur. På en plats mellan det undersköna och det motbjudande får vi här syn på våra egna gränser. Lars Nilsson är sedan 1995 verksam som professor i bildkonst vid Malmö Konsthögskola, Lunds Universitet. **LE**

TERRY RICHARDSON
f. 1965, New York [US]

Terry Richardsons produktion är en av den samtida fotografins mest omedelbart igenkännbara, kontroversiella och kopierade, sedan de första publicerade reportagen från 1990-talet. I en situation där modebilden kan upplevas som lika statiskt formaliserad som den pornografiska, tänjer Richardson ständigt och medvetet på anständighetens gräns i en uttalad ambition att föra in sexuella bilder i ett mainstream-sammanhang. Aldrig tillrättalagda eller politiskt korrekta, andas de både uppfriskande respektlöshet och provocerande voyeurism. Autodidakten Richardson började fotografera i tonåren vid sidan av sitt engagemang i Los Angeles dynamiska punk- och skatescen. Han har sedan dess renodlat en snapshotestetik som kännetecknas av avkläddhet, lekfullhet och en inte sällan fysisk närvaro av fotografen själv. Med sin tillbakalutat utmanande stil och samarbeten med bland andra Harmonie Korine, Vincent Gallo, Chloë Sevigny och Larry Clark, har han fungerat som en av amerikansk independentkulturs främsta skildrare och stilbildare. Richardson ligger bakom en rad uppmärksammade och hett diskuterade kampanjer för bl.a. Sisley, Gucci, Costume National och Calvin Klein. Han har publicerat regelbundet i *Vogue*, *The Face*, *i-D*, och *Harper's Bazaar*. Richardson är även verksam som musikvideoregissör och producerar för närvarande sin första spelfilm, den självbiografiska *Son of a Bitch*. **LE**

BENOÎT MÉLÉARD
b. 1971, Paris [FR]

"I just adore that young Frenchman Benoît Méléard. His stuff is just so architecturally beautiful: it has a touch of weirdness." The quote is from Manolo Blahnik and is reproduced on Benoît Méléard's website. This is no coincidence. Méléard started his rebellion against the Paris fashion scene with a homage to both Blahnik's wispy foot-jewels and Beth Levine's conceptual sculptures. But when Méléard launched his debut collection, *Cruel*, at the Natural History Museum in Paris in October 1998, no one had seen any innovative shoe design since – that's right – Beth Levine. Shoe design had long been a craft that could boast of no rebels. Benoît Méléard changed that completely. After *Cruel*, Méléard rip-offs cropped up everywhere, like a game of Chinese Whispers: elliptic arches, pyramid shapes, boxy volumes, bare metal heels. The five collections, financed by Méléard himself, were never put into commercial production. Nor was that Méléard's intention. "All I wanted," he says in *Bon* (10/2002), "was to kick the fashion industry, and the shoe industry, in the arse… I wanted to say that shoe design potential is infinite, that we can change these volumes infinitely." Benoît Méléard has a studio at Porte de Clignancourt in Paris. He has collaborated with Alexander McQueen and Jeremy Scott and has exhibited at La Beauté in Avignon (2000), and elsewhere. **SHB**

LARS NILSSON
b. 1956, Stockholm [SE]

In recent years, since 1994, Lars Nilsson's work has centred on an autobiographical project in which he scrutinises the male psyche, using himself as the human point of reference. In his installations we encounter the artist's own physiognomy – as a passing spectator, a daydreaming gentleman, or a mutilated corpse. A fictive authenticity that utilises the evocativeness of the cinema, and opens up an immediate communication with the viewer. Paradoxically, Nilsson lingers on the polished and fashionable surface of his alter ego, or a virtuoso technical design, to highlight a collective unconscious and reveal caches of vanity, bestiality and ecstasy. With an occasionally painful personal address – but never without a humorous edge – he poses urgent questions about sexuality, the troubled relationship between the sexes and the ethics of the individual. Nilsson uses a variety of media – painting, photography, installation and film. In his latest work, *Orgia*, he leaves the autobiographical theme and instead portrays a contemporary Arcadia in Berlin, where the instincts and desires of the individual triumph over a suffocating and conformist consumer culture. In this work, somewhere between the exquisite and the repellent we catch sight of our own limits. Lars Nilsson has been a Professor of Visual Art at the Malmö Art Academy, Lund University since 1995. **LE**

TERRY RICHARDSON
b. 1965, New York [US]

Terry Richardson's has been one of the more easily identifiable, controversial and emulated oeuvres in contemporary photography, ever since his first published reportages in the 1990s. In a setting where the fashion shot could be experienced as being just as statically formalised as porn photography, Richardson balances constantly and consciously on the verge of the indecent, with the express ambition of introducing sexual images in a mainstream context. Never accommodating or politically correct, they exude a refreshing irreverence and provocative voyeurism. The self-taught Richardson started taking photos in his teens, alongside his involvement in the dynamic Los Angeles punk and skateboarding scene. Since then, he has been refining a snapshot aesthetic characterised by nudity and playfulness, with the photographer himself often appearing in the pictures. With his laid-back, defiant style and collaborations with Harmonie Korine, Vincent Gallo, Chloë Sevigny and Larry Clark among others, he has been one of the foremost portrayers of and trendsetters in American independent culture. Richardson was the originator of several renowned and controversial campaigns for labels including Sisley, Gucci, Costume National and Calvin Klein. His photographs feature regularly in *Vogue*, *The Face*, *i-D* and *Harper's Bazaar*. Richardson also directs music videos and is currently making his first movie, the autobiographical *Son of a Bitch*. **LE**

YINKA SHONIBARE
f. 1962, London [GB]

Yinka Shonibares uttryck präglas av flamboyant visuell förförelse och ett, ibland bedrägligt, moment av igenkännande. Med stillsam humor och en knivskarp samhällsanalys klär han av till synes bekanta kulturella uttryck och situationer på bara kroppen och avslöjar ett påtagligt historiskt bagage. Shonibare växte upp i Nigeria men återvände till England som tonåring, och fick sin konstutbildning på Goldsmith's College of Art. Hans verk speglar ofta korsbefruktningar mellan det västeuropeiska och afrikanska, i synnerhet det viktorianska Englands salongsmiljö filtrerad genom en afrikansk erfarenhet. Under tidigt 1990-tal började han använda de "exotiska" pseudo-afrikanska textilier som kommit att känneteckna hans verk. Produktionen, som skiftar mellan fotografi, skulptur och installation, tar ofta avstamp i en annan periods kända konstverk eller historiska situationer. Shonibare slår hål på etablerade uppfattningar om det kulturspecifika, och utmanar på ett avväpnande sätt schablonbilden av den afrikanska kulturen i västerlandet.

Yinka Shonibare har för *Fashination* producerat sitt första filmverk. Han finns representerad i flera av samtidens viktigaste konstsamlingar och har även deltagit i en rad internationella utställningar, däribland Venedigbiennalen 2001 och *Documenta X* i Kassel 2002. Shonibare nominerades under våren 2004 till Turnerpriset. **LE**

JUN TAKAHASHI
f. 1969, Kiryu [JP]

Redan som student på modeskolan Bunka startade han t-shirtmärket Nowhere med vännen Nigo, som senare skulle regera streetwearscenen i Tokyo med sitt apfixerade märke A Bathing Ape. Jun Takahashi, en gång kallad Jonio efter Johnny Rotten och med en kortlivad karriär som sångare i punkbandet Tokyo Sex Pistols, blev en av Japans mest berömda unga modedesigner med sina typiskt översvämmade kreationer – skapade av lika delar dekonstruktionsfilosofi och punk, om än strikt konceptuellt sammanhållna som kollektioner. Som den levande modelegenden Rei Kawakubos protegé gjorde Jun Takahashi succé i oktober 2002, med sin Paris-debut *Scabs* – ett politiskt vågspel till kollektion med inälvsfärgade trådar som vävts till poetiska gestalter eller längs svarta kostymer, uppskurna i nätverk av blixtlås och kedjor. I finalen tågade Takahashis rebeller ut i lapptäckta snabelskor, i kokonger av handmålad chiffong, som punkare i burkha. "Jag ville sända ut ett budskap om återfödelse, om att börja om på nytt", sa Takahashi. "Så jag mixade kulturella och etniska influenser, som afghanska dräkter och skotska kiltar, för att visa människors lika värde." Vare sig Takahashi haft pappersdockor, tvillingar eller vagabonder som bärande karaktärer i sina kollektioner som följt sedan dess, har han hållit ställningarna – som Kawakubos troliga efterträdare. **SHB**

VIKTOR & ROLF
Viktor Horsting f. 1969 [NL]
Rolf Snoeren, f. 1969 [NL]

Viktor & Rolf gjorde sin första resa till Paris med Le Cri Néerlandais, en grupp holländska modemodernister som då sades vara det nya Antwerp Six. Sedan gruppen upplösts blev Viktor & Rolf kvar och fick en rivstart på konst- och modefestivalen i Hyères där de vann tre priser. Året därpå debuterade de på dräktutställningen *L'Hiver de L'Amour* i Paris. Därifrån har de genomfört en sällan skådad resa via konstgallerierna och haute couture till den nuvarande positionen som framgångsrikt, kommersiellt modehus. Inte förrän efter sju års verksamhet producerade Viktor & Rolf sin första kommersiella kollektion, *Stars and Stripes* – ett till synes motvilligt ode till kapitalismen. Däremellan finslipade de sin särpräglade stil med ballongsvullna silhuetter, lagerpålager-kragar och smokingexperiment. Och från att ha sagt sig vilja skapa allt ur intet, har deras förkärlek för modehistorisk sampling bara blivit tydligare: Diors styvstärkta *New Look* syns i en ironiskt stel barbiekjol i *Bells* (2000), Balenciagas capesilhuett i *Black Hole* (2001), YSL:s *Le Smoking* lite varstans. Viktor & Rolf firade 2003 sitt tioårsjubileum som modedesigner, de kanske enda som pendlar till synes smärtfritt mellan modets ytterligheter, från det mest konstfulla till det mest kommersiella. Under år 2004 ställer de ut i Tokyo, i Stockholm – och lanserar sin första parfym. **SHB**

YINKA SHONIBARE
b. 1962, London [GB]

Yinka Shonibare's art is characterised by a flamboyant visual seduction and an occasionally deceptive element of familiarity. With a quiet sense of humour and razor-sharp social analysis he undresses what are apparently familiar cultural manifestations and situations, revealing a weighty historical baggage. Shonibare grew up in Nigeria but returned to Britain as a teenager and studied art at Goldsmith's College of Art. His works often reflect the cross-fertilisation between Western Europe and Africa, especially the Victorian parlour setting, filtered through an African experience. In the early 1990s, he began using the 'exotic' pseudo-African textiles that are now typical of his work. His production, which shifts from photography to sculpture and installation, is often based on famous works of art or historical situations from another period. Shonibare challenges established perceptions of culturally specific traits, and thus disarms the Western stereotyped image of African culture.

For *Fashination*, Yinka Shonibare has produced his first film. He is represented in numerous reputable contemporary collections, and has also participated in several international exhibitions, including the Venice Biennale in 2001 and *Documenta X* in Kassel in 2002. In 2004, Yinka Shonibare was nominated for the Turner Prize. **LE**

JUN TAKAHASHI
b. 1969, Kiryu, [JP]

While still at Bunka Fashion College, Jun Takahashi launched his T-shirt label Nowhere, together with his friend Nigo, who later ruled the streetwear scene in Tokyo with his ape-fixated label A Bathing Ape. Jun Takahashi – once called Jonio after Johnny Rotten, and with a brief career as the singer in the punk rock band Tokyo Sex Pistols – became one of Japan's most famous young fashion designers, with his typically excessive creations – mixing equal parts of deconstruction philosophy and punk rock, albeit in strictly coherent collections. Under the aegis of the living fashion legend Rei Kawakubo, Jun Takahashi was a smash hit in October 2002 with his Paris debut *Scabs* – a political balancing act of a collection, with intestine-coloured threads woven into poetic figures or along black suits, slashed into nets of zippers and chains. In the finale, Takahashi's rebels marched out in patchwork crakows and cocoons of hand-painted chiffon, like punk-rockers in burqas. "I wanted to send a message of rebirth, of starting over from the beginning," said Takahashi. "So I mixed cultural and ethnic influences, such as Afghan costumes and Scottish kilts, to show that all human beings are equal." Whether Takahashi uses paper dolls, twins or vagabonds as the main characters in his subsequent collections, he has maintained his position – as the likely successor to Kawakubo. **SHB**

VIKTOR & ROLF
Viktor Horsting, b. 1969 [NL]
Rolf Snoeren, b. 1969 [NL]

Viktor & Rolf made their first trip to Paris with Le Cri Néerlandais, a group of Dutch fashion modernists who were said to be the new Antwerp Six. After the disbandment of the group, Victor & Rolf carried on together, and were launched with remarkable success at the art and fashion festival in Hyères, where they won three prizes. The following year, they made their debut at the *L'Hiver de L'Amour* couture exhibition in Paris. Since then, they have had a spectacular career, going via art galleries and haute couture to their current position as a thriving commercial fashion team. But it was seven years before Viktor & Rolf produced their first commercial collection, *Stars and Stripes* – an apparently reluctant ode to capitalism. In between, they have refined their idiosyncratic style with ballooning silhouettes, layered collars and experiments with tuxedos. And from having originally said they wanted to create everything out of nothing, their predilection for sampling fashion history is growing stronger: Dior's starched *New Look* is traceable in an ironically stiff Barbie skirt in *Bells* (2000), Balenciaga's cape silhouette is used in *Black Hole* (2001), and YSL's *Le Smoking* pops up here and there. Viktor & Rolf celebrated their tenth anniversary as fashion designers in 2003. Perhaps they are the only ones in the field who oscillate with evident ease between the extremes of fashion, from the most artistic to the most commercial. In 2004, they are exhibiting in Tokyo and Stockholm – as well as launching their first perfume. **SHB**

VANESSA BEECROFT

Första separatutställning/First Solo Exhibition:
1994   *VB02, Jane Bleibt Jane*, performance, Galleria Fac-Smile, Milano/Milan [IT]
Första grupputställning/First Group Exhibition:
1993   *Nuova Ingegneria Per L'osservazione E Lampi Di Genio*, Villa Montalvo, Campi Bisenzio [IT]
Tre senaste separatutställningar/Last Three Solo Exhibitions:
2003   *Vanessa Beecroft: VB 51*, Galerie Cosmic, Paris [FR]
2002–03   *Vanessa Beecroft: VB46 Photographs*, Gagosian Gallery, Beverly Hills [US]
2002–03   *Vanessa Beecroft Performances 1993–2003*, Castello di Rivoli, Museo di Arte Contemporanea, Rivoli-Turin [IT]
Tre senaste grupputställningar/Last Three Group Exhibitions:
2003   *M_Ars-Kunst und Krieg*, Neu Galerie am Landesmuseum Joanneum, Graz [AU]
2003   *Phantom Der Lust. Visionem Des Masochismus In der Kunst*, Neu Galerie am Landesmuseum Joanneum, Graz [AU]
2003   *Guided by Heroes*, Z33/Begijnhof, Hasselt [BE]

BLESS

Kollektioner i urval/Selected Collections:
2004   Bless No 22 [*Perpetual home motion machines*]
1999   Bless Beauty-products [*Hairbrush* etc]
1998   Bless No 6 [*Customizable Footwear*]
1996   *Sun Tops* (begränsad upplaga om 20/limited edition of 20)

HUSSEIN CHALAYAN

Kollektioner i urval/Selected Collections:
2002   Prêt-à-porter, Våren/sommaren: Spring/Summer [*Medea*]
2000–01   Prêt-à-porter, Hösten/vintern: Autumn/Winter [*Afterwords*]
1999–00   Prêt-à-porter, Hösten/vintern: Autumn/Winter [*Echoform*]
1993   Examenskollektion/Graduation Show Collection, Central Saint Martins, London [*The Tangent Flows*]

PHILIP-LORCA DiCORCIA

Första separatutställning/First Solo Exhibition:
1985   Philip-Lorca diCorcia, *Fotograpie*, Zeaus Arts, Milan [IT]
Första grupputställning/First Group Exhibition:
1977   *Color '77-Seven Contemporay Photographers*, Enjay Gallery of Photography, Boston, Massachusettes [US]
Tre senaste separatutställningar/Last Three Solo Exhibitions:
2004   Helga deAlvear, Madrid [ES]
2003–04   Pace Wildenstein, New York [US]
2003   Whitechapel Art Gallery, London (turné/touring exhibition) [GB]
Tre senaste grupputställningar/Last Three Group Exhibitions:
2004   *Fashioning Fiction in Photography since 1990*, Museum of Modern Art, New York [US]
2004   *Making Faces: The Death of the Portrait*, Hayward Gallery, London [GB]
2003   *Affinites…Now and Then*, H&R Block Artspace, Kansas City Art Institute [US]
Redaktionella uppdrag i urval/Selection Editorials:
2000   "Stranger in Paradise", *W*
2000   "Cuba Libre", *W*
1997   "The Individualist", *Harper's Bazaar*
Kampanjer i urval/Selected Advertising Campaigns:
2001–02   Fendi, Hösten/vintern: Autumn/Winter
2000   Piazza Sempione, Våren/sommaren: Spring/Summer

ALICIA FRAMIS

Första separatutställning/First Solo Exhibition:
1994   *Wax & Jardins*, Sala de Exposiciones l'Artesa, Barcelona [ES]
Första grupputställning/First Group Exhibition:
1994   *Visiones Urbanes*, Centre d'art Santa Monica, Barcelona [ES]
Tre senaste separatutställningar/Last Three Solo Exhibitions
2004   *anti_dog*, Center of Art la Panera, Lleida [ES]
2003   *Meubles de tiempo*, Galeria Helga de Alvear, Madrid [ES]
2003   *anti_dog*, Ikon Gallery, Birmingham [GB]

	Tre senaste grupputställningar / Last Three Group Exhibitions:
2004	*Brave New World*, Ileana Tounta Contemporary Art Centre, Aten/Athens [GR]
2004	*"Fuckin" Trendy*, Kunsthalle Nuernberg, Nürnberg/Nuremburg [DE]
2004	*The Violence of the Tone*, W139, Amsterdam [NL]

ANNE VALÉRIE HASH

Kollektioner i urval / Selected Collections:

2004–05	Haute couture, Hösten/vintern: Autumn/Winter [*inui*]
2003–04	Haute couture, Hösten/vintern: Autumn/Winter [*Vice-versa*]
2002	Haute couture, Våren/sommaren: Spring/Summer [*Désordre*]
2002–03	Haute couture, Hösten/vintern: Autumn/Winter [*Fille-mâle/Femable*]

MARTINA HOOGLAND IVANOW

	Första separatutställning / First Solo Exhibition:
2000	*Sumos*, Dazed & Confused Gallery, London [GB]
	Första grupputställning / First Group Exhibition:
1996	*Babies*, Post Bravin Lee Gallery, New York [US]
	Tre senaste separatutställning / Last Three Solo Exhibitions:
2004	Xposeptember: Natalia Goldin Gallery, Stockholm [SE]
2003	*Oilwrestling*, Auybi, Stockholm [SE]
2002	*Four Corners of the World*, Lydmar Hotell, Stockholm [SE]
	Tre senaste grupputställningar / Last Three Group Exhibitions:
2002	*Jam*, London/Tokyo Opera City Gallery, Tokyo [JP]
2001	*Bevil*, Moderna Museet, Stockholm [SE]
	Jam, London/Tokyo, Barbican Art Gallery, London [GB]
1999	*Silver and Syrup*, V&A Museum, London [GB]
	Redaktionella uppdrag i urval / Selected Editorials:
2003	"The Misfits", *POP Magazine*
2002–03	"Turkish Oilwrestlers", *Another Magazine*
2002	"Ballrooms of Mars", *Dazed & Confused*
	Kampanjer i urval / Selected Advertising Campaigns:
2001–02	Miu Miu, Hösten/vintern: Autumn/Winter
2001–02	Prada, Hösten/vintern: Autumn/Winter
1997	Armani Landscapes in catalogues

INEZ VAN LAMSWEERDE
VINOODH MATADIN

	Första separatutställning / First Solo Exhibition:
1992	*Vital Statistics*, Center for Art and Architecture, Groningen [DE]
	Första grupputställning / First Group Exhibition:
1992	*Double Dutch – Dutch Realism Today*, Sala 1, Rome [TT]
	Tre senaste separatutställningar / Last Three Solo Exhibitions:
2003	*Inez van Lamsweerde & Vinoodh Matadin: The Now People, Part One: Paradise*, Matthew Marks Gallery, New York [US]
2002	*Stereo Christy*, Visionaire Gallery, New York [US]
2001	Pitti Immagine Discovery, Stazione Leopolda, Florence (katalog/catalogue) [TT]
	Tre senaste grupputställningar / Last Three Group Exhibitions:
2004	*About Face*, Hayward Gallery, London (katalog/catalogue) [UK]
	Making Faces. The Death of the Portrait, Musee de l'Elysee, Lausanne [CH]
	Indigestible Correctness Part II, curated by Rita Ackermann and Lizzi Bougatsos, Kenny Schachter/ROVE, New York [US]
	Kampanjer i urval / Selected Campaigns:
2002	Shiseido Inoui, Hösten/Autumn
	Oscar de la Renta, Intrusion Perfume, Hösten/Autumn
	Estee Lauder, Intuition for Men Perfume, Hösten/Autumn
	Balenciaga, Våren/Spring
	Calvin Klein Collection/CK/Jeans/Underwear, Våren/Spring
2001	Gucci, Våren/Spring
	Helmut Lang, Våren/Spring, Hösten/Autumn
	Louis Vuitton, Charm Bracelet, Hösten/Autumn
	Revlon, Absolutely Fabulous Mascara, Hösten/Autumn
	Björk, *Hidden Place* Music Video
2000	Giorgio Armani, Cosmetics, Hösten/Autumn
1996	Vivienne Westwood Man, Hösten/Autumn
	Redaktionella uppdrag i urval / Selected Editorials:
2002	*V Magazine* #20 Karl Lagerfeld & co, November/December
	Paris Vogue, Cover Story Le Plus Bel Age, October

Harper's Bazaar, Cover Options, October
Vogue Nippon, Country Blues, September
Harper's Bazaar, David Bowie Portrait, August
W Magazine, Cover Story Tom Cruise, July
Vogue Italia, A Girl Who Has A Certain Je Ne Sais Quoi, April

MAISON MARTIN MARGIELA

Kollektioner i urval / Selected Collections:

2000–02	Prêt-à-porter, Våren/sommaren: Spring/Summer
1997	Prêt-à-porter, Våren/sommaren: Spring/Summer och/and Höst/vinter: Autumn/Winter
1996	Prêt-à-porter, Våren/sommaren: Spring/Summer
1994–05	Prêt-à-porter, Hösten/vintern: Autumn/Winter

ALEXANDER McQUEEN

Kollektioner i urval / Selected Collections:

2003	Prêt-à-porter, Våren/sommaren: Spring/Summer [*Deliverance*]
2001	Prêt-à-porter, Våren/sommaren: Spring/Summer [*Voss*]
1997–98	Prêt-à-porter, Hösten/vintern: Autumn/Winter [*It's a Jungle Out There*]
1992	Debutkollektion/Debut Collection [*Jack the Ripper Stalking His Victims*]

STEVEN MEISEL

	Utställningar / Exhibitions:
2004	*Fashioning Fiction in Photography Since 1990*, Museum of Modern Art, New York [US]
2001	*Four Days in L.A.: The Versace Pictures*, Whitecube Gallery, London [GB]
	Redaktionella uppdrag i urval / Selected Editorials:
2003	"Topanga Rose", *Vogue Italia*
2002	"Day for Night", *Vogue Italia*
1997	"An Interpretation (Alex Katz Story)", *Vogue Italia*
1992	"Grunge and Glory", *Vogue*
1990	"Jam Session", *Interview*
	Kampanjer i urval / Selected Advertising Campaigns:
2003–04	Valentino, Hösten/vintern: Autumn/Winter
2003–04	Dolce & Gabbana, Hösten/vintern: Autumn/Winter
2003	Prada, Våren/sommaren: Spring/Summer
2002–03	Prada, Hösten/vintern: Autumn/Winter
1994	CK One

BENOÎT MÉLÉARD

Kollektioner i urval / Selected Collections:

2002	Haute couture, Våren/sommaren: Spring/Summer [*Copyright*]
2001	Haute couture, Våren/sommaren: Spring/Summer [*O*]
2000–01	Haute couture, Hösten/vintern: Autumn/Winter [*Tip-Toe*]
1999	Haute couture, Våren/sommaren: Spring/Summer [*Cruel*]

LARS NILSSON

	Första separatutställning / First Solo Exhibition:
1983	*Johannesburg*, Galleri Olsson, Stockholm [SE]
	Första grupputställning / First Group Exhibition:
1981	*Fyra unga*, Mälargalleriet, Stockholm [SE]
	Tre senaste separatutställningar / Last Three Solo Exhibitions:
2004	Statens Museum for Kunst, Köpenhamn/Copenhagen [DK]
2003	Palais de Tokyo, Paris [FR]
2002	Magasin 3, Stockholm [SE]
	Tre senaste grupputställningar / Last Three Group Exhibitions:
2004	1st International Biennial of Contemporary Art in Sevilla [ES]
2004	*Momentum*, Moss [NO]
2004	*Berlin North*, Hamburger Bahnhof, Berlin [DE]

TERRY RICHARDSON

Separatutställningar i urval / Selected Solo Exhibitions:
2003–04   *Too Much*, Kunstwerke, Berlin [DE]
2000   *Desired by Women, Feared by Men*, Shine Gallery, London [GB]
1998   *Terry Richardson*, Alleged Gallery, New York [US]

Grupputställningar i urval / Selected Group Exhibitions:
2004   *Promo:Fashion Publications from the 80s and 90s*, Roth Horowitz, New York [US]
2002   *Shine Anniversary Show*, Michael Hoppen Contemporary, London [GB]

Redaktionella uppdrag i urval / Selected Editorials:
2003   *Arena Homme Plus*
2002   *Paris Vogue*, mars/March
2002   *Vogue Hommes* Våren/Spring
2001   *Purple* Sommaren/Summer
     Samt en rad uppdrag för/and several editorials for *Vogue, British Vogue, Paris Vogue, Vogue Nippon, Harper's Bazaar, W, The Face, i-D, Arena Homme Plus, Dazed and Confused, Purple*

Kampanjer i urval / Selected Campaigns:
1999–2002 Sisley
     Samt/and Gucci, Levi's, Tommy Hilfiger, Hugo Boss, Jigsaw, Supreme, Stussy, Baby Phat, Costume National, och/and Matsuda

YINKA SHONIBARE

Första separatutställning / First Solo Exhibition:
1989   Byam Shaw Concourse Gallery, London [GB]

Första grupputställning / First Group Exhibition:
1988   Byam Shaw Concourse Gallery, London [GB]

Tre senaste separatutställningar / Last Three Solo Exhibitions:
2004   *Double Dutch*, Museum Boijmans van Beuningen Rotterdam/ Kunsthalle Wien [NL/AT]
2003   *Play with me*, Stephen Friedman Gallery, London [GB]
2002   *Double Dress*, Israel Museum, Jerusalem [IL]

Tre senaste grupputställningar / Last Three Group Exhibitions:
2003   *Looking Both Ways*, The Museum for African Art, New York (US)
2003   *Love Over Gold*, Gallery of Modern Art, Glasgow [GB]
2003   *Black President: The Art and Legacy of Fela Anikulapo-Kuti*, The New Museum, New York [US]

JUN TAKAHASHI

Kollektioner i urval / Selected Collections:
2004–05   Prêt-à-porter, Hösten/vintern: Autumn/Winter [*but beautiful... part parasitic part stuffed*]
2004   Prêt-à-porter, Våren/sommaren: Spring/Summer [*Languid*]
2003–04   Prêt-à-porter, Hösten/vintern: Autumn/Winter [*Paper Doll*]
2003   Prêt-à-porter, Våren/sommaren: Spring/Summer [*Scabs*]

VIKTOR & ROLF

Kollektioner i urval / Selected Collections:
2002–03   Prêt-à-porter, Hösten/vintern: Autumn/Winter [*Bluescreen*]
1999–2000 Haute couture, Hösten/vintern: Autumn/Winter [*Russian Doll*]
1998–99   Haute couture, Hösten/vintern: Autumn/Winter [*Atomic Bomb*]
1993   Salon Européen des Jeunes Stylistes, Hyères [FR]

Bildförteckning
List of Plates

INEZ VAN LAMSWEERDE
VINOODH MATADIN

Jessica, 2002 (s/p 122, vänster/left)
Ur/From *Paris Vogue*, Nude Calendar, December 2002
Stylist: Joe McKenna
Make up: Dick Page
Hår/Hair: Jimmy Paul
Art Direction: M/M Paris
Model/Modell: Jessica Miller
Foto/Photo: Inez van Lamsweerde & Vinoodh Matadin

Kate, 1999 (s/p 122, höger/right)
Ur/From *V Magazine*
Färgfotografi typ C/C-print
Foto/Photo: Inez van Lamsweerde & Vinoodh Matadin

Balenciaga, 1999 (s/p 121)
Uppdrag för/Originally commissioned by Balenciaga
Foto/Photo: Inez van Lamsweerde & Vinoodh Matadin

Yohji Yamamoto > Maggie's Box, 1997 (s/p 119)
Uppdrag för Yohji Yamamoto/Originally commissioned
by Yohji Yamamoto
Hår/Hair: Eugene Souleiman
Make up: Lisa Butler
Foto/Photo: Inez van Lamsweerde & Vinoodh Matadin

Kim, 1994 (s/p 118)
Uppdrag för/Originally commissioned
by Vivienne Westwood
Hår och make up/Hair and make up: Yanni
Foto/Photo: Inez van Lamsweerde & Vinoodh Matadin

Well Basically, 1994 (s/p 120)
Ur/From *The Face*
Styling: Vinoodh Matadin
Hår och make up/Hair and make up: Yanni
Foto/Photo: Inez van Lamsweerde & Vinoodh Matadin

Courtesy Matthew Marks Gallery

MAISON MARTIN MARGIELA

Hösten/vintern: Autumn/Winter 2004–05
(s/pp 58–63)
Film av Nigel Bennett visad samtidigt på 19 traditionella
Pariscaféer/Film by Nigel Bennett presented at
19 traditional Paris cafées at precisely the same moment.

0+1 (s/p 10)
Våren/sommaren: Spring/Summer 2000
Foto/Photo: Marina Faust

Tailor's Dummy (s/p 29)
Hösten/vintern: Autumn/Winter 1997–98
Foto/Photo: Marina Faust

ALEXANDER McQUEEN

Scanners (s/pp 34, 48–51)
Hösten/vintern: Autumn/Winter 2003–04

What a Merry-go-Round (s/pp 8, 46, 47)
Hösten/vintern: Autumn/Winter 2001–02

Dante (s/pp 48, 49)
Hösten/vintern: Autumn/Winter 1996–97

STEVEN MEISEL

Four days in LA: The Versace Pictures, 2001
(s/pp 2–3, 16, 40–42, 44, 45)
Stylist: Lori Goldstein
Hår/Hair: Orlando Pita
Make up: Pat McGrath
Modeller/Models: Georgina Grenville, Amber Valletta

Courtesy Art+Commerce, New York

BENOÎT MÉLÉARD

Utan titlel/Untitled, 2001 (s/p 69)
Stylist: Patti Wilson
Foto/Photo: David LaChapelle

O, 2000 (s/p 65)
Stylist: Patti Wilson
Foto/Photo: David LaChapelle

Benoît Méléard Collection, 2000 (s/pp 66–67)
Stylist: Patti Wilson
Foto/Photo: David LaChapelle

LARS NILSSON

Game is Over, 2000 (s/p 88)
Interiör från butiken DAKS/Interior from DAKS store,
10 Bond Street, London
Foto/Photo: IP studio

Game is Over, 2000 (s/pp 24, 89)
Foto/Photo: Anna Kleberg

The Triumph of Style, 1997 (s/p 90)
Foto/Photo: Jan Engsmar

The Triumph of Style, 1997 (s/p 90, 91)
Foto/Photo: Würtenbergischer Kunstverein, Stuttgart

The House Angel, 2000 (s/p 92)
Foto/Photo: Jan Engsmar

Aestethics, 1993 (s/p 93)
Foto/Photo: SIKSI

TERRY RICHARDSON

Kampanj för Sisley/Sisley Advertising Campaign
1999–2002 (s/pp 19, 136–141)

Courtesy Art+Commerce, New York;
Katy Barker Agency, New York

YINKA SHONIBARE

Un Ballo in Maschera, 2004
Scene 2 (s/p 52)
Scene 3 (s/p 53)
Scene 4 (s/pp 54-55)
Scene 8 (s/pp 56-57)

Courtesy Stephen Friedman Gallery, London

*Gungan (efter Fragonard)/The Swing
(after Fragonard)*, 2001 (s/p 160)
Tate Modern, London

JUN TAKAHASHI

but beautiful… part parasitic part stuffed (s/pp 80, 81)
Hösten/vintern: Autumn/Winter 2004–05

Languid (s/pp 4, 78, 79)
Våren/sommaren: Spring/Summer 2004

Paper Doll (s/pp 76, 77)
Hösten/vintern: Autumn/Winter 2003–04

VIKTOR&ROLF

One Woman Show (s/pp 33, 96, 97)
Hösten/vintern: Autumn/Winter 2003–04
Foto/Photo: Peter Stigter

Bluescreen (s/pp 94, 95)
Hösten/vintern: Autumn/Winter 2002–03

Blacklight (s/pp 98, 99)
Våren/sommaren: Spring/Summer 1999

Citat/Pull quotes:

s/pp14–15
Intervju av/interview by Salka Hallström Bornold,
Bon #16/2003

s/pp 22, 25
Ur ett samtal mellan/From a conversation between
Jérôme Sans och/and Lars Nilsson Utställningskatalog/
Exhibition catalogue Magasin 3, Stockholm, 2002

s/pp 32, 35
Intervju av/interview by Salka Hallström Bornold,
Bon #17/2004

s/pp 36–37
Intervju av/interview by Salka Hallström Bornold,
Bon #21/2004

s/pp 38–39
Intervju av/interview by Michael Bracewell,
The Independent, September 4, 2000

Samtliga angivna mått är i cm/
All measurements are in cm

VANESSA BEECROFT

VB Twins#02, 2003
Färgfotografi typ C/C-print
177,6x223,8

VB Twins#02, 2003
Färgfotografi typ C/C-print
177,6x223,8

VB Twins#03, 2003
Färgfotografi typ C/C-print
177,6x223,8

VB Twins#03, 2003
Färgfotografi typ C/C-print
177,6x223,8

VB Twins#05, 2003
Färgfotografi typ C/C-print
177,6x223,8

VB Twins#05, 2003
Färgfotografi typ C/C-print
177,6x223,8

BLESS

Mobil #1, Bless No 22,
Perpetual home motion machine, 2004
Blandteknik/Mixed media
Varierande mått/Variable dimensions

Retrospective homewear, wooden clothes –
shaped boxes
Ebenholts och rosenträ/Ebony and rosewood
Varierande mått/Variable dimensions

Retrospective accessories, wooden accessories
Ebenholts och rosenträ/Ebony and rosewood
Varierande mått/Variable dimensions

HUSSEIN CHALAYAN

Anaesthetic, 2004
DVD-projektion/DVD projection

Dräkter ur filmen *Anaesthetic*, 2004
Costumes from the film *Anaesthetic*

Producerad av/produced by Moderna Museet,
Kanasawa 21st Century Museum of
Contemporary Art och/and Marie Claude Beaud,
Cargo Lux

PHILIP-LORCA DiCORCIA

W, September 1997 #9
Färgfotografi typ C/C-print
122x153
Privat ägo/Private collection

W, March 2000, #12,
Färgfotografi typ C/C-print
122x153
Privat ägo/Private collection

W, September 2001, #12,
Färgfotografi typ C/C-print
122x153
Privat ägo/Private collection

W, September 2000, #2,
Färgfotografi typ C/C-print
122x153
Privat ägo/Private collection

W, March 2000, #10,
Färgfotografi typ C/C-print
122x153
Privat ägo/Private collection

W, September 1999, #13,
Färgfotografi typ C/C-print
122x153
Privat ägo/Private collection, Courtesy Luc Bellier

W, September 1997, #3,
Färgfotografi typ C/C-print
122x153
Privat ägo/Private collection

ALICIA FRAMIS

anti_dog Collection, 2002, klänningar/dresses
Twaron
Museum Boijmans van Beuningen, Rotterdam

Provrum till kollektionen *anti_dog*, 2004
Dressing room for *anti_dog Collection*

ANNE VALÉRIE HASH

Up Side On, 2004
plagg och modelldockor/outfits and mannequins

MARTINA HOOGLAND IVANOW

Utan titel, 2001
Untitled
Färgfotografi typ C/C-print
170x140

Utan titel, 2004
Untitled
Färgfotografi typ C/C-print
170x140

Utan titel, 2004
Untitled
Färgfotografi typ C/C-print
140x170

Utan titel, 2004
Untitled
Färgfotografi typ C/C-print
140x170

Utan titel, 2004
Untitled
Färgfotografi typ C/C-print
240x200

Utan titel, 2004
Untitled
Färgfotografi typ C/C-print
170x140

Verkförteckning
List of Works

INEZ VAN LAMSWEERDE
VINOODH MATADIN

Pretty Much Everything, 1986–2004
Bildspel DVD/Slideshow DVD

MAISON MARTIN MARGIELA

Film av Nigel Bennett, Hösten/vintern:
Autumn/Winter 2004–05
Film by Nigel Bennett
DVD-projection/DVD projection
32:00 min

15 stillbilder ur en film av Nigel Bennett,
Hösten/vintern: Autumn/Winter 2004–05
15 filmstills from a film by Nigel Bennett
Digital utskrift/Digital print

Plagg från Hösten/vintern 2004–05
Outfits from Autumn/Winter 2004–05

ALEXANDER McQUEEN

Voss, plagg/outfits
Våren/sommaren: Spring/Summer 2001
Varierande mått/Variable dimensions

Voss, catwalk documentation
Våren/sommaren 2001: Spring/Summer 2001
DVD transfer, Betacam
18:00 min

STEVEN MEISEL

Untitled XII, *Four Days in LA: The Versace Pictures*, 2001
Färgfotografi typ C/C-print
122x160
White Cube, London

Untitled XVIII, *Four Days in LA: The Versace Pictures*, 2001
Färgfotografi typ C/C-print
122x160
White Cube, London

Untitled XX, *Four Days in LA: The Versace Pictures*, 2001
Färgfotografi typ C/C-print
122x160
White Cube, London

Untitled VI, *Four Days in LA: The Versace Pictures*, 2001
Färgfotografi typ C/C-print
122x160
White Cube, London

Untitled XXV, *Four Days in LA: The Versace Pictures*, 2001
Färgfotografi typ C/C-print
121x160
Privat ägo/Private collection

Untitled XV, *Four Days in LA: The Versace Pictures*, 2001
Färgfotografi typ C/C-print
121x160
Privat ägo/Private collection

Untitled X, *Four Days in LA: The Versace Pictures*, 2001
Färgfotografi typ C/C-print
121x160
Privat ägo/Private collection

Untitled IV, *Four Days in LA: The Versace Pictures*, 2001
Färgfotografi typ C/C-print
121x160
Privat ägo/Private collection

Untitled VII, *Four Days in LA: The Versace Pictures*, 2001
Färgfotografi typ C/C-print
121x160
Privat ägo/Private collection

BENOÎT MÉLÉARD

Ur/From *0*, 2000, stövlar/boots

Benoît Méléard Collection 2000, skor/shoes

LARS NILSSON

Game is Over, 2000
Glasfiber, ylle/Glass fibre, wool
Varierande mått/Variable dimensions
DAKS Simpson Group, London

TERRY RICHARDSON

10 fotografier ur kampanjer för Sisley, 1999–2002
10 photographs from Sisley Campaigns
Digital utskrift/Digital print
Varierande mått/Variable dimensions
Sisley, Milano

YINKA SHONIBARE

Un Ballo in Maschera, 2004
HD-cam, konverterat till PAL 625 linjes SD 16-9/
HD-cam converted to PAL 625 SD 16-9
32:00 min
Producerad av Sveriges Television och Moderna Museet/
Produced by Sveriges Television and Moderna Museet

Masker ur filmen *Un Ballo in Maschera*, 2004
Masks from the film *Un Ballo in Maschera*
Bomull, fjädrar, pärlor/Cotton, feathers, pearls

Dräkter ur filmen *Un Ballo in Maschera*, 2004
Costumes from the film *Un Ballo in Maschera*
Bomull/Cotton

Courtesy Stephen Friedman Gallery, London

JUN TAKAHASHI / UNDER COVER

Languid, Look 5, normal,
Våren/sommaren: Spring/Summer 2004
Bomull, polyeten, skinn, mässing/
Cotton, polythene, leather, brass

Languid, Look 5, stretched,
Våren/sommaren: Spring/Summer 2004
Bomull, polyeten, skinn, mässing/
Cotton, polythene, leather, brass

Languid, Look 18, normal,
Våren/sommaren: Spring/Summer 2004
Bomull, rayon, polyeten, polyster,mässing, gummisula/
Cotton, rayon, polythene, polyester, brass, rubber sole

Languid, Look 18, stretched, Våren/sommaren:
Spring/Summer 2004
Bomull, rayon, polyeten, polyster, mässing, gummisula/
Cotton, rayon, polythene, polyester, brass, rubber sole

Languid, Look 21, normal,
Våren/sommaren: Spring/Summer 2004
Bomull, silver, gummisula/Cotton, silver, rubber sole

Languid, Look 21, stretched,
Våren/sommaren: Spring/Summer 2004
Bomull, silver, gummisula/Cotton, silver, rubber sole

Languid, Look 24, normal,
Våren/sommaren: Spring/Summer 2004
Bomull, polyster, gummisula/Cotton, polyester, rubber sole

Languid, Look 24, stretched, Våren/sommaren:
Spring/Summer 2004
Bomull, polyster, gummisula, acetat/akryl/
Cotton, polyester, rubber sole, acetate/acrylic

Languid, Look 26, normal,
Våren/sommaren: Spring/Summer 2004
Bomull, polyster, syntetonyx, skinn/mässings-spänne,
gummisula/Cotton, polyester, synthetic onyx,
leather/brass buckle, rubber sole

Languid, Look 26, stretched, Våren/sommaren:
Spring/Summer 2004
Bomull, polyster, syntetonyx, skinn/mässings-spänne,
gummisula/Cotton, polyester, synthetic onyx.
leather/brass buckle, rubber sole

VIKTOR&ROLF

Bluescreen (Schwarzenegger), plagg/outfits
Hösten/vintern: Autumn/Winter 2002–03
Bomull, skinn/Cotton, leather
Centraal Museum, Utrecht

Bluescreen
DVD-projektion/DVD projection
Centraal Museum, Utrecht

Fashination
25.09.2004 – 23.01.2005
Moderna Museet

Utställningskommissariat / Exhibition Curators:
Salka Hallström Bornold, Lars Nilsson, Lars Nittve, Magnus af Petersens

Utställningskoordinator / Exhibition Coordinator: Lena Essling

Utställningsregistrator / Exhibition Registrar: Desirée Blomberg med / with Anna Enberg

Utställningsassistent / Curatorial Assistant: Nadine Gaib

Packmästare / Packing Officer: Tova Bjurström

Konservering / Conservators: Lars Byström med / with Håkan Petersson, Lena Wikström

Installation, konstruktion / Installation, Construction:
Harry Nahkala med / with Fredrik Andersson, Pelle Bäckström, Ellen Cronholm,
John Gordon, Per-Göran Jonsson, Johan Larje, Anders Lindholm, Gunnar Marklund,
Fredrik Ramberg, Alan Sparrow

Kommunikation och marknadsföring / Marketing: Lovisa Lönnebo med / with Nina Brensén

Press: Paulina Sokolow, Karolina Eklund med / with Charlotta Jularbo

Sponsor- och evenemangskoordinator / Sponsor- and Events Coordinator:
Cecilia von Schantz

Hemsida / Web Site: Sanna Rydén Danckwardt med / with Lotta Sjöholm

Pedagogik och program / Education and Programme:
Helena Åberg med / with Matilda Olof-Ors, Ulf Eriksson, Sören Engblom,
Catrin Lundqvist, Karin Malmquist, Pernilla Stalfelt, Maria Taube

KATALOG

Redaktörer / Editors:
Salka Hallström Bornold, Lars Nilsson, Lars Nittve, Magnus af Petersens

Produktion / Production: Teresa Hahr

Översättning / Translation: Nordén & Berggren HB (sv-eng/Swe-Eng)

Textredigering / Copy Editors: Thomas Andersson, Sören Engblom (sv/Swe), Mike Garner (Eng)

Bildbyrå / Department of Rights and Reproductions: Stefan Ståhle, Magnus Malmros

Bildassistent / Pictorial Assistant: David Amberton

Scanning och bildbearbetning / Scanning: Alice Braun, Albin Dahlström, Catherine Woxmark

Grafisk formgivning / Graphic Design:
Martin Farran-Lee / Specific Design med / with Helena Ohlsson

Repro, tryck och bindning / Repro, print and binding: Fälth och Hässler AB, Värnamo 2004

ISBN 91-7100-715-6
Moderna Museets utställningskatalog nr 326 / Moderna Museet Exhibition Catalogue No 326

www.modernamuseet.se

Med stöd av British Council och Kungliga Nederländska Ambassaden/
With generous support by British Council and Royal Netherlands Embassy

Omslag / Front cover:
Alicia Framis, *Burkha (anti_dog Collection: Hussein Chalayan)*, 2002
Fotograf / Photographer: John Scarisbrick; Stylist: Marina Kereklidou;
Hår och make-up / Hair and make-up: Fredrik Stambro;
Modell / Model: Louise von Celcing / Mika's;
Guido Hildebrand / de light Studios; Camera Link; LUNDLUND;
Fotoassistent / Photo Assistant: Johan Wahlgren; Storåkers McCann

Baksida / Back cover:
Viktor & Rolf, *Bluescreen*, Hösten/vintern: Autumn/Winter 2002–03

Omslagets främre insida / Inside front cover:
Terry Richardson, *Sisley*, 1999–2002

Omslagets bakre insida / Inside back cover:
Yinka Shonibare, *Gungan (efter Fragonard) / The Swing (after Fragonard)*